Bettina Büx

Die REGULUS-Botschaften

Bettina Büx

Die REGULUS Botschaften

Band IV

EchnAton Verlag

Wichtiger Hinweis

Die im Buch veröffentlichten Empfehlungen wurden vom Verfasser und vom Verlag sorgfältig erarbeitet und geprüft. Eine Garantie kann dennoch nicht übernommen werden. Ebenso ist die Haftung des Verfassers bzw. des Verlages und seiner Beauftragten für Personen-, Sach- und Vermögensschäden ausgeschlossen.

Bei möglichen unterschiedlichen Schreibweisen wurde die von der Duden-Redaktion empfohlene Schreibvariante verwendet.

1. Auflage Oktober 2018

Gesamtherstellung: Diana Schulz
Coverfoto: dreamstime©Vitaliy Smolygin
Lektorat: Angelika Funk
Druck und Bindung: CPI books GmbH, Leck
ISBN: 978-3-96442-001-5

www.echnaton-verlag.de

Mit einem herzlichen Dankeschön widme ich dieses
Buch all meinen treuen Leserinnen und Lesern,
die unermüdlich auf der Suche nach Gott und der
Sinnhaftigkeit des Lebens sind.

Ihnen verdanke ich alle Freude und allen Erfolg
an und mit meiner Arbeit. Ihr aufrichtiges
Interesse und ihr lebhaftes Feedback sind mir stetige
Quelle der Inspiration und der Motivation.

Liebe ist ...

... Gott und Gott ist Liebe. Liebe ist gänzlich offenbar und dennoch gänzlich Geheimnis.

Liebe ist der Stoff, aus dem alles gemacht ist, was jemals nach ihr fragen kann, und gleichwohl das größtmögliche aller Mysterien. Sie genügt sich selbst vollkommen und ist dennoch in ewiger Ausdehnung begriffen.

Liebe ist nicht teilbar. Sie gibt sich ganz und gar hinweg und bleibt indes ganz und gar bei sich selbst.

Liebe ist wahrhaft wunderbar, denn sie ist selbst das Wunder. Sie ist die unendliche Faszination des Göttlichen von sich selbst. Sie ist der Kniefall des Schöpfers vor seinem eigenen Spiegelbild. Sie ist die ewige und einzige Antwort Gottes auf seine Frage nach sich selbst. Sie ist die Wahrnehmung von Vollkommenheit.

Liebe ist die heilige Selbstwahrnehmung Gottes.

Regulus

Inhalt

Vorwort

Lieber Leser, liebe Leserin, auf die Frage, was er denn eigentlich mit dem Diktat dieser nunmehr vierten Botschaften bezweckt, antwortete Regulus – ich zitiere wörtlich: »Was wir Euch anbieten, ist Ermutigung, Eure Liebesbereitschaft zu erhöhen. Lieben müsst Ihr schon selbst!« Selbstverständlich sagte er das augenzwinkernd, denn wir alle wissen, dass es das größte und höchste – und im Grunde das einzige – Glück des Menschen ist, lieben zu können und zu dürfen.

Wie es in Band II vorrangig um die Angstthematik geht, so liegt der Schwerpunkt in diesem Werk auf der Liebe in all ihren Facetten, nicht zuletzt auf der Bedeutung der Selbstliebe. Das Lebensglück, das wir alle so sehr ersehnen, ist nur auf dem Wege der Liebe zu finden und so gibt es auch in diesen Botschaften wieder allerhand für uns zu lernen. Regulus sagte zu Beginn dieses Buchdiktates: »Wenn Ihr wirklich beginnt, Euch selbst zu lieben, werdet Ihr Euch fühlen wie ein Engel, der aus allen Wolken fällt. Euer ganzes Leben wird sich in jeder Hinsicht zum Besseren wenden.«

Mir ist in ganz besonderer Weise daran gelegen, dass Sie, liebe Leserin, lieber Leser, möglichst großen Nutzen für Ihr persönliches Leben aus meiner Arbeit ziehen. So bleibt mir nur noch, Ihnen von ganzem Herzen Freude, Inspiration und Entspannung bei Ihrer Lektüre zu wünschen. Mögen Sie »aus allen Wolken fallen« …
Ihre Bettina Büx

1. Teil

Die Verbündeten der Liebe

Das Wort

Im Anfang war das Wort
und das Wort war bei Gott
und das Wort war Gott.
Im Anfang war es bei Gott.
Alles ist durch das Wort geworden
und ohne das Wort wurde nichts,
was geworden ist.

Mein lieber Freund, meine liebe Freundin, Ihr alle kennt die Worte aus dem Evangelium nach Johannes. Sie beschreiben das ewige, heilige Mysterium, die ›Geburtsstunde‹ des erwachenden Bewusstseins. Es geht um nichts Geringeres als um die ›Anfänge‹ des bewussten Seins, um das Geheimnis der Schöpfung schlechthin. Hier tritt die unermessliche Bedeutung des Wortes und die erhabene Größe dieses wohl heiligsten Geschenkes Gottes an den Menschen deutlich zutage.

Die Macht des Wortes, das hier als Werkzeug, als Ausdrucksform des Bewusstseins, verstanden sein will, ist schier unermesslich. Erst das Wort ermöglicht dem Bewusstsein die ›Übersetzung‹ in erfahrbare Konzepte und damit letztlich jegliche Kommunikation mit dem Selbst wie auch mit der Außenwelt. Und so darf es uns nicht wundern, dass die Entwicklung der irdischen Sprachen und ihrer wundervollen Vielfalt ein göttliches Mysterium ist. Wie es möglich ist, intellektuelle und emotionale Bewusstseinsinhalte in sprachlichen Ausdruck zu übersetzen, bleibt letztlich göttliches Geheimnis. Wir alle erlernen Sprache, in erster Linie unsere Muttersprache, im zarten Kindesalter vollkommen mühelos und ohne nennenswerte Anstrengung. Wir lernen Worte und deren Bedeutung, ohne sie zu kennen, wir lernen intuitiv, über das Gefühl. Wir wissen die Dinge einfach. Es ist wie gesagt das Wort, das Kommunikation erst möglich macht, sowohl mit uns selbst als auch mit anderen. Warum widmen wir uns diesem Thema?

Wie wir aus unseren vorangehenden Botschaften wissen, ist Gott Liebe. Gott ist Liebe und nichts als Liebe. Und somit kann auch das Geschenk der Sprache nur ein Geschenk der Liebe an seine Schöpfung sein. Wir erinnern uns: Liebe kann nichts als lieben und was nicht Liebe ist, das kann nicht wirklich sein. Alles, was wirklich ist, ist Liebe. Was aber nicht Liebe ist, das ist nicht wirklich, nichts als Illusion.

Das Geschenk des Bewusstseins als solches ist in seiner Grandiosität noch längst nicht begriffen und wird es wohl letztlich niemals endgültig sein, denn Bewusstsein ist Leben, Bewusstsein ist bewusstes Sein. Bewusstsein ist das große, heilige ›Ich-Bin‹ in Dir und in jedem Menschen.

Wie wir aus unseren vorherigen Botschaften wissen, bezeichnen Worte wie ›Bewusstsein‹, ›Leben‹, ›Liebe‹, ›Gott‹ ein und dasselbe. Und so bezeichnet das ›Ich-Bin‹ die Liebe in Dir, Deine wahre Liebesnatur, sich der Liebe selbst in jedem Augenblick vollkommen bewusst. Das ist Höheres Selbst, das ist, was Du bist, das bist Du.

Damit wir uns recht verstehen: Bewusstsein ist Liebe und Liebe ist Bewusstsein. Wolltet Ihr beides voneinander trennen, so käme das dem Versuch gleich, das Licht von seiner Helligkeit zu trennen. Liebe aber ist Omnipotenz, von ihrem Wesen her vollkommen, und somit vollkommen unabhängig von allem und jedem. Und so ist Dein Bewusstsein, also das Gewahrsein Deiner selbst, nicht abhängig von Sprache.

Wie wir in Band III *Des Menschen Weg und Gottes Licht* erörtert haben, ist unsere Kommunikation mit unserem Medium nonverbal. Die Übertragung der Bewusstseinsinhalte ist eine direkte und extrem exakte und hier braucht es keine Umwege über Worte. Sie weiß die Dinge dann einfach. Wie wir des Weiteren beschrieben haben, obliegt es unserem Medium, die nonverbal übermittelten Bewusstseinsinhalte in irdisch-verbale Konzepte, also in allgemein verständliche Sprache zu übersetzen. Nun, es ist ihre ganz besondere Stärke, dies zu tun, ohne dass es zu inhaltlichen Transferverlusten kommt. Wir betonen dies an dieser Stelle gerne und ausdrücklich, obwohl sie allzu viel des Lobes um ihre Person nicht mag. *(Anm. der Verfasserin: »Stimmt!« Regulus lacht herzlich.)*

Es liegt also in der Natur der Sache begründet, dass Ihr auf verbale Kommunikation angewiesen seid, sowie Ihr auf Erden seid. Dieser Umstand ist der Natur der Dualität geschuldet und ein unermessliches Geschenk Gottes an seine geliebten Kinder. Wohl ein jeder unter Euch hat die Macht des Wortes am eigenen Leibe hinlänglich erfahren. Und so wisst Ihr alle, dass Worte sowohl Balsam für die Seele als auch wie ein Dolchstoß in das Zentrum des Herzens empfunden werden können.

Wie ist es aber um die Macht der eigenen Worte bestellt? Nun, wie auch die Worte anderer, so kann das eigene Wort immer nur ein Wort der Liebe oder aber, aus Illusion geboren, ein Wort der Angst sein. Immer da und dort, wo Worte ohne Liebe gesprochen sind, da sind sie Worte der Angst und somit des Angriffs. Dieser Angriff, der – wie wir wissen – niemals Wirklichkeit sein kann, mag noch so sehr auf den anderen zielen, er trifft doch immer nur Dich selbst. Es sind Angriffe des Ego, das, selbst auf Illusion begründet, immer nur Illusion hervorbringen kann. Was selbst keine Wirklichkeit hat, kann niemals Wirklichkeit hervorbringen.

Immer dann, wenn Du Worte ohne Liebe aussprichst, irrst Du Dich über Dich selbst. Du hast Dich selbst übersehen. Die einfache Tatsache, dass Du niemals lieblos und dennoch gleichzeitig glücklich sein kannst, dürfte Dir Beweis genug dafür sein, dass hier etwas nicht in Ordnung ist. Es ist nicht stimmig. Was aber nicht stimmig ist, das ist wider Deine Natur. Und so eröffnet sich Dir erneut, wie so oft, wer und was Du bist: Liebe – ewig so, wie Dein himmlischer Vater Dich schuf, ihm gleich und zu seinem Bilde.

Wer jetzt glaubt, sich aufgrund unbedacht oder gar lieblos ausgesprochener Worte schuldig fühlen zu müssen, dem sei gesagt, dass er sich erneut über sich irrt. Es kann und wird uns niemals darum gehen, Schuldgefühle zu vermitteln und zu schüren, sondern vielmehr, sie als Irrtum zu enttarnen und aufzulösen. Es geht an dieser Stelle einzig und allein darum, dass Du Dir im Klaren darüber bist, wer Du bist und was Du tust, wenn Du Worte der Lieblosigkeit und Ignoranz in den Mund nimmst. Es ist Irrtum über Dich selbst wie auch über Deinen Nächsten, nicht mehr und nicht weniger.

So Du dies für Dich erkennen kannst, ist der Irrtum schon nicht mehr und hat sich bereits in das Nichts aufgelöst, aus dem er gekommen ist. Hier verweisen wir gerne auf das entsprechende Kapitel in Band I *Des Menschen Wunsch und Gottes Wille*, wo wir dieser Thematik eingehend auf den Grund gehen. Wir erinnern Dich daran: »Liebe Dich mit aller Gewalt – mit aller Gewalt, die Du Dir selbst antust.« Es geht um die Erkenntnis der Macht des Wortes, die gar nicht hoch genug eingeschätzt werden kann. Dieses heilige Werkzeug Gottes ist Dir gegeben als Mittel zum Zweck der Selbstdefinition, denn einen anderen Zweck kann es nicht geben.

Du definierst Dich selbst neu in jedem Augenblick und mit jedem gesprochenen Wort legst Du erneut fest, wer und was Du bist beziehungsweise für wen oder was Du Dich hältst. Was glaubst Du, wer Du bist? Was glaubst Du, was Du bist? So tust Du denn sehr gut daran, Dir selbst zuzuhören und Deinen eigenen Worten zu lauschen. Hier kannst Du viel über Dich selbst, über Dein Selbstbildnis, lernen und erfahren. Somit erkennst Du Dich als ein Wesen, das sich selbst als das erkennt, was es ist – Liebe – oder aber, Du hast Dich selbst im wahrsten Sinne des Wortes vergessen.

Dein Höheres Selbst ist und bleibt sich Deiner wahren Identität jederzeit vollkommen bewusst. Ewig völlig im Klaren über sich selbst, ist Deine wirkliche Identität und somit Deine göttliche Wirklichkeit niemals in Gefahr. Bedrohung kann niemals Wirklichkeitsgehalt haben, Irrtum ist und bleibt immer einfach nur Irrtum und entbehrt jeglicher echter Substanz. Wo Schuldgefühl Einzug hält, da wurde dem ersten Irrtum ein zweiter hinzugefügt. So vielen Irrtümern Du auch erliegen magst, niemals kann es mehr sein als ein winziger toter Winkel in Deiner Selbstwahrnehmung, im nächsten Augenblick schon von der Wirklichkeit hinweggefegt.

Wir erinnern uns: Die Rose bleibt dennoch ewig eine Rose, so sehr sie sich auch für eine Distel halten mag. Der spielerische Umgang mit Deinem verbalen Ausdruck und dessen lustvolle Erforschung sind der Königsweg zur Erkenntnis Deiner Selbstwahrnehmung.

In der liebevollen Akzeptanz liegt der Schlüssel zu Deinem Glück. Was, wenn nicht Liebe, könnte die Lösung sein? Wo, wenn nicht in der Liebe, wäre sie jemals zu finden? Liebe Dich selbst in all Deinen Wesenszügen und Persönlichkeitsaspekten. Wie wir wissen, öffnet die Selbstliebe der Nächstenliebe Tür und Tor.

Du willst liebevoll reden? Dann musst Du liebevoll denken. Du willst liebevoll denken? Dann musst Du liebevoll fühlen. Du willst liebevoll fühlen? Dann musst Du liebevoll sein. Dir selbst gegenüber. Güte, Verständnis, Milde, Liebe: Du kannst sie anderen immer nur in dem Maße angedeihen lassen, in dem Du sie Dir selbst zugestehst.

»Jedes Wort ist ein Wort der Beschwörung.
Welcher Geist ruft – ein solcher erscheint.«
Novalis

Die Tat

Meine liebe Freundin, mein lieber Freund, wenden wir uns nun dem 2. Verbündeten der Liebe zu, der Tat. Wie schon beim gesprochenen Wort, so liefern Dir auch Deine Handlungen wertvolle Rückschlüsse auf Dich selbst und Deine Selbstsicht.

Du definierst Dich über das, was Du tust ebenso wie über das, was Du sagst. Die Dinge, die Du unterlässt, dienen Deiner Abgrenzung und somit ebenso Deiner Selbstdefinition. In dem, was Du nicht bist, erkennst Du, was Du bist. Das ist das Wesen der Dualität.

Das Wort und die Tat sind auf sehr tiefer Ebene miteinander verbunden und verwoben. Gemeinsam bilden sie eine tief verwurzelte Einheit, einem sehr alten Ehepaar gleich. Und so ist es um die Tat in gleicher Weise bestellt wie um das gesprochene Wort. Beide dienen der Selbstdefinition und damit der Selbsterkenntnis. Sind Deine Handlungen Taten der Liebe, des Mitgefühls und des Verständnisses, so hast Du Dich in diesen Aspekten erkannt als das, was Du bist: ein Wesen, das sich selbst als Liebe erkennt und in Liebe ausdrückt.

Da und dort, wo Deine Handlungen Akte der Lieblosigkeit, der Ignoranz, der Gleichgültigkeit oder gar des Hasses sind, da hast Du Dich selbst übersehen. Du bist dem Irrtum über Dich selbst und Deinem Nächsten anheimgefallen. Auch hier ist das Maß an Glück, das Deine Handlungen Dir bescheren, sicherer Fingerzeig auf Deine wirkliche Identität. Es ist ewig vollkommen unmöglich, lieblos zu handeln und dennoch glücklich zu sein. Was Deiner wahren, gottgegebenen Natur zuwider ist, das kann niemals von Glück begleitet sein.

Wo die Tat zum Akt der Gewalt und des Hasses pervertiert, da hat die Angst im Hintergrund immer und ausnahmslos schon die Messer gewetzt. Der Irrglaube, Mangel und Entbehrung zugunsten eines anderen könne jemals möglich sein, treibt sein Unwesen in dieser Welt. Im Dunstkreis von Irrtum und Angst entstehen immer Unheil, Kummer und Elend. Und so kann unser Credo denn auch hier, in Bezug auf die Tat, kein anderes sein als beim Wort.

Du willst liebevoll handeln? Dann musst Du liebevoll denken. Du willst liebevoll denken? Dann musst Du liebevoll fühlen. Du willst liebevoll fühlen? Dann musst Du liebevoll sein. Dir selbst gegenüber. Wer anderen gegenüber liebevoll sein will, der muss sorgsam und rücksichtsvoll mit sich selbst umgehen. Im sorgsamen Umgang mit Dir selbst liegt der Schlüssel zum Glück und zu wahrer Nächstenliebe, die keine Opfer kennt, sondern nur Geschenke.

In der liebevollen Fürsorge für Dich selbst erkennst Du Dein Potenzial für andere. Diese liebevolle Fürsorge für Dich selbst zieht immer und unfehlbar tiefen Respekt und Dankbarkeit für das eigene Sosein nach sich und hat somit den gleichen Respekt für das Sosein des anderen im Gefolge.

Was aber, wenn Wort und Tat in Widerspruch zueinander stehen? Was, wenn die Taten den Worten nicht entsprechen? Wenn Menschen anders reden als handeln – und das tun sie oft *(Anm. der Verfasserin: Scherzhaft gesagt)* – dann sind sie sich über sich selbst nicht im Klaren. Wenn Deine Worte

Deinen Taten nicht entsprechen und Deine Taten nicht Deinen Worten, dann bist Du in Verwirrung über Dich selbst. Dies kommt immer einer schmerzhaften inneren Zerreißprobe gleich. Du bist im wahrsten Sinne des Wortes zwiegespalten. Hier ist Selbsterforschung angezeigt.

Du betrittst sozusagen Neuland und im furchtlosen, neugierigen und spielerischer Erkunden Deiner selbst kannst Du Dich selbst kennenlernen und vieles über Dich und Deine Selbstwahrnehmung in Erfahrung bringen. Du kannst Dich selbst überraschen und in Erstaunen versetzen und das kommt immer einer wunderbaren Abenteuer- und Entdeckungsreise gleich. Je furcht- und vorurteilsloser Du an Dich selbst herangehst, desto freudvoller und spannender Deine Entdeckungen. Die vorbehaltlose Akzeptanz des eigenen Soseins ist immer segensreich und zeitigt wundervolle Ergebnisse des Erkennens. In den Gefilden der Selbstliebe wird es niemals irgendetwas anderes zu entdecken geben als noch mehr Liebe, noch mehr Glück.

Wie wir in unseren vorangehenden Botschaften erkannt haben, ist Liebe allmächtig. Was, wenn nicht Liebe, könnte jemals die Macht haben, Deiner Angst vor Dir selbst und Deinen vermeintlichen inneren Abgründen ein Ende zu bereiten?

Je angstfreier Deine Selbsterforschung, desto klarer wirst Du Dir über Dich selbst. Wo keine Angst herrscht, da kann unfehlbar das Gewahrsein der göttlichen Liebesallgegenwart Einzug halten. Was aber bleibt, wenn die Angst geht, das kann ewig nur Liebe sein und nichts als Liebe. Nichts kann es jemals zu fürchten geben. Je angstfreier und vorurteilsloser Deine Selbsterforschung, desto mehr werden Deine Taten Deinen Worten entsprechen und Deine

Worte den Taten. Das ist Heilung vom Feinsten! Du bist nicht länger ein zwiespältiges Wesen, sondern klar und zielstrebig im Wort wie auch in der Tat. Deine Energie erfährt eine ungeahnte Bündelung und eine klare und eindeutige, zweifelsfreie Richtung.

Frische Kräfte sind nunmehr freigesetzt und können sich ungehindert entfalten. Neue, vorher ungesehene Wege eröffnen sich Dir und Du gehst sie nunmehr freudig und sicheren, festen Schrittes. Menschen, deren Worte mit ihren Handlungen in Einklang sind, verströmen immer eine Aura des Charismatischen. Die frische Klarheit ihres Seins bleibt niemals unbemerkt und hat immer Vorbildfunktion.

Menschen, deren Worte ihren Taten entsprechen, sind mit sich selbst im Reinen und somit auch mit ihrem Lebensumfeld. Liebe ist immer und ausnahmslos segensreich für alle und jeden, der sich von ihr berühren lässt. Liebe ist Heilung, die einzige, die es jetzt und ewig geben kann.

»Der schönen Blume gleich,
die keinen Duft ausstrahlt,
ist schön gesproch'nes Wort,
das ohne Tat verhallt.«
Dhammapada
(Pfad der Lehre; 51. Vers)

2. Teil

Die Tugenden der Liebe

Wahrhaftigkeit

Mein lieber Freund, meine liebe Freundin, als erste Tugend der Liebe wollen wir die Wahrhaftigkeit nennen. Es sei an dieser Stelle klargestellt, dass es bei der Benennung der Tugenden der Liebe, wie auch bei der später folgenden Aufzählung ihrer Merkmale, nicht etwa um eine Rangordnung ihrer Bedeutung oder ihres Stellenwertes geht. Es handelt sich vielmehr um den Versuch, Attribute, die im Grunde und in Wahrheit gleichzeitig und gleichrangig nebeneinanderstehen, einzeln zu beleuchten und in einen sinnvollen Zusammenhang zueinander zu stellen.

Die erste Tugend der Liebe ist also wie gesagt die Wahrhaftigkeit. Dies bedeutet in erster Linie, dass nur dann von Liebe die Rede sein kann, wenn es sich auch um Liebe handelt. Dies scheint auf den ersten Blick selbstverständlich und kaum erwähnenswert und doch ist dem so. Es geht darum, dass wir alle dasselbe meinen, wenn von der Liebe die Rede ist, ansonsten wäre ein heilloses und verwirrendes Aneinander-Vorbeireden die logische Folge.

Liebe ist jenes Bestreben, welches das Glück des geliebten Menschen will und nichts als sein Glück.

Wie wir in den vorherigen Botschaften immer wieder betont haben, ist Liebe niemals partiell. Es gibt nicht ›ein bisschen‹ Liebe – entweder es ist Liebe ganz und gar oder aber es ist keine.

Wir setzen also nunmehr voraus, dass wir von wahrer Liebe reden. Dies schließt grundsätzlich alle pathologischen Gefühlsauswüchse aus, die diese Welt so gerne als Liebe bezeichnet und mit ihr verwechselt: Sicherheitsbedürfnis, das in Abhängigkeit entartet, Herrschsucht, die in Kontrollzwang ausufert, Egoismus, der ohne jede Rücksicht nur die Raffgier befriedigt, usw. Man kann ein Prinzip eben nicht an seinen Krankheiten erforschen und erkennen, sondern an seinen ›Gesundheiten‹.

In Band I *Des Menschen Wunsch und Gottes Wille* und vor allem in Band III *Des Menschen Weg und Gottes Licht* haben wir schon viel über die Eigenschaften der Liebe gesagt. Nun fahren wir also fort in unseren Bemühungen, das Wesen der Liebe, welches das ureigene Wesen Gottes ist, zu erkunden.

Die Wahrhaftigkeit der Liebe hat noch eine weitere Ebene als die der Wahrhaftigkeit in ihrem Sein: Die Liebe handelt wahrhaftig! Dies bedeutet ganz einfach ausgedrückt, dass es im Denken und Fühlen, im Reden, Handeln und im Unterlassen aus der Liebe heraus niemals Lüge, Heuchelei oder Lieblosigkeit geben kann. Liebe ist immer und ausnahmslos ganz und gar authentisch und kennt keine ›Auszeiten‹, in denen sie sich Ausnahmen erlaubt. Sie ist wie eine Spirale, die gleichermaßen sowohl tiefer in das Innen dringt als auch nach außen, zum Geliebten hin.

Obwohl Liebe von ihrer göttlichen Uressenz her vollkommene Stille ist, so ist sie dennoch in ständiger Bewegung und Ausdehnung. Liebe ist der einzig mögliche Gemütszustand, in dem Du gleichermaßen euphorische Lebensfreude, ungestümen Bewegungsdrang und dennoch gleichmütigen Frieden und selige Herzensruhe empfinden kannst.

Wie wir gesehen haben, ist Liebe aufrichtige, ehrliche Liebe oder aber sie ist gar keine. Liebe verheimlicht nichts, warum sollte sie? Jede Äußerung der Liebe ist frohe Botschaft.

Menschen, die sich aufrichtig lieben, haben keine Geheimnisse voreinander, denn sie wollen keine. Liebe verschenkt sich ganz und will immer ganz und gar den ganzen Menschen. Blindes Vertrauen ist die erste und logische Begleiterscheinung der Liebe. Wo nichts gesagt und getan werden muss, da ist bereits alles gesagt und getan.

Wir haben an vielen Punkten unserer vorherigen Überlegungen von der Selbstliebe gesprochen. Auch und ganz besonders im Aspekt der Wahrhaftigkeit kommen wir erneut nicht umhin, uns der Selbstliebe zuzuwenden. Wahrhaftigkeit dem Nächsten gegenüber kann immer nur da und dort gedeihen, wo sie auf dem Nährboden der Selbstliebe wächst. Welcher Mensch wagt es, seinem geliebten Partner diejenigen Wesensanteile offenzulegen, für die er sich selbst verurteilt? Und welcher Mensch verurteilt nicht im Nächsten die Charakterzüge, für die er sich selbst verachtet? Wir wollen bei all unseren Betrachtungen niemals aus den Augen verlieren, dass die Selbstliebe immer und unfehlbar das Maß aller Dinge bleibt, erst recht das Maß aller Liebe zum anderen.

Vorbehaltlose Selbsterforschung ist und sollte das beglückendste und spannendste Abenteuer sein, das Du in Deinem Leben erfahren kannst. Furchtlose Selbsterforschung führt immer zu Selbsterprobung und damit zu einer sehr intimen Erfahrung mit dem eigenen Selbst. Dort, wo die Selbstsuche einhergeht mit Angst vor ungeahnten Tiefen, da geht es immer um abgespaltene Anteile des Selbst, die bereits im Vorfeld abgespalten wurden und ein scheinbares Untergrunddasein führen, weil Selbstverurteilung – oder zumindest die Furcht davor – immer vermieden werden will.

Nun, diese Verurteilung mag, oberflächlich betrachtet, aus dem Bewusstsein ferngehalten werden, im Grunde und in Wahrheit ist sie es nie. Was nicht im eigenen Selbst vorbehaltlos angeschaut, akzeptiert, ja geliebt wird, das wird im anderen wahrgenommen und verurteilt. Bewusstsein ist, es kann nie ausgelöscht oder unwirksam gemacht werden, es kann transformiert, geheilt, ›gesund geliebt‹ werden. Was aber von der Liebe berührt wird, das wird mit anderen, neuen Augen gesehen. Im Bewusstsein der Liebe ist jede Verurteilung ewig unmöglich. Und somit schließt sich der Kreis und wir sind wieder bei der Wahrhaftigkeit.

Selbstliebe bringt unfehlbar das Bewusstsein des eigenen Wertes hervor, auf dem jedes Selbstvertrauen fußt. Dies macht die Wahrhaftigkeit in jeder liebenden Beziehung zur Selbstverständlichkeit. Wo Selbstvertrauen regiert, da sind dem Vertrauen in den anderen Tür und Tor geöffnet. Verurteilung wird immer nur dort erwartet und gefürchtet, wo es an Selbstakzeptanz mangelt. Ein Mensch, der mit sich selbst im Reinen ist, ist unangreifbar und bleibt immer unantastbar und völlig intakt in seinem Selbstwert. Ein solchermaßen sich selbst liebender Mensch birgt immer Segen und Bereicherung für sein Lebensumfeld, kann und wird er doch unfehlbar diese Selbstliebe an alle anderen weitervermitteln, indem er sie ausdrückt und vorlebt.

Liebe bringt immer nur Segen hervor und wirkt in alle Richtungen gleichzeitig. Somit stimmt also auch der Umkehrschluss: Wo das liebevolle Feedback des anderen die Selbstliebe bestätigt und nährt, da werden sowohl die

Selbstliebe als auch die Nächstenliebe erneut gestärkt und vermehrt. Und so dreht sich die Liebesspirale stetig und wunderbar in alle Richtungen weiter, höher, tiefer.

»Wo eine Wahrheit nicht aus Liebe
ausgesprochen wird,
da ist die Liebe selbst die Lüge.
Weil Wahrheit immer der Liebe dient,
enttarnt sie Lieblosigkeit.«
Regulus

Treue

Meine liebe Freundin, mein lieber Freund, als einer weiteren Tugend der Liebe wollen wir uns nun der Treue zuwenden. Ganz allgemein gesprochen stellen sich die Menschen unter dem Begriff ›Treue‹ mitunter unterschiedliche und verschiedene Wesenszüge und Lebenskonzepte vor. So mancher von Euch ist in dem grundlegenden Irrtum gefangen, die Treue zum Selbst stünde in unvereinbarem Widerspruch mit der Treue zum anderen. Im Grunde und in Wahrheit gibt es nur ein einziges Prinzip von Treue, das wirklich und wahrhaftig sinnvoll ist und unfehlbar glücklich macht: Die Treue zur Liebe selbst!

Wer der Liebe zu sich selbst wie auch aller Liebe aus sich selbst heraus treu bleibt, der wird nie und nimmer in eine verfängliche, widersprüchliche oder unhaltbare Situation kommen. Wo wirklich Liebe ist, da sind die Bedürfnisse, Wünsche und Ziele niemals in Widerstreit miteinander. Die Selbstliebe gebietet immer die Treue zum eigenen Wesen.

Treue zum eigenen Sosein kann auch Kompromiss bedeuten, der auf Liebe begründet niemals wie ein Opfer anmuten kann, sondern freudig gegebenes Geschenk ist. Im Zuge der in Mode gekommenen ›Selbstverwirklichungshysterie‹ *(Anm. der Verfasserin: Scherzhaft gesagt)* wird vielerorts das Kind mit dem Bade ausgeschüttet. Wenn Treue zu sich selbst zu Erstarrung und Sturheit mutiert, ist sie gewiss fehlverstanden. Hier wird oftmals der Gesamtkontext aller Persönlichkeitsmerkmale außer Acht gelassen und die Liebe übergangen, wo sie doch ursprünglich das Fundament allen Handelns sein sollte. Treue zu sich selbst impliziert die Treue zu allen eigenen Werten. Ihr könnt nicht behaupten, Ihr liebt die Natur und ehrt sie nicht. Ihr könnt nicht behaupten, Ihr liebt Eure Kinder und lasst sie nicht los. Ihr könnt nicht behaupten, Ihr liebt Euren Partner und erfreut Euch nicht in jedem Augenblick an ihm. Ihr könnt nicht behaupten, Ihr liebt Gott und sucht Ihn nicht. Treue ist gelebte Liebe, Treue ist ›Liebe zum Anfassen‹.

Treue ist Konsequenz im Sein und
Liebe ist hochgradig konsequent.

Wie wir anfangs sagten, gibt es für die Liebe keine ›Auszeiten‹, die Liebe kennt keine blinden Flecken, in denen sie unwirksam wäre. Im Zuge der vielgerühmten sogenannten sexuellen Befreiung in den letzten Jahrzehnten – wir sprachen in Band I *Des Menschen Wunsch und Gottes Wille* davon – wurde und wird der Begriff der Treue immer wieder neu und anders definiert. Verwirrung und Unsicherheit machten sich allenthalben breit, wo doch Aufklärung das erklärte Ziel hatte sein sollen. Das Bestreben, die Sexualität von der Treue zu trennen und abzuspalten und die Treue auf eine doch recht dubiose und diffuse zwischenmenschliche psychoemotionale Ebene einzugrenzen, wird niemals fruchten, Gott sei Dank!

Treue ist nicht der ›Preis‹ der Liebe, Treue ist ihr wärmender Umhang, ihr tiefstes Glück und ihr süßestes Geheimnis. Die Treue ist das Zuhause der Liebe. An dieser Stelle sei betont, dass es uns nicht um Verurteilung geht, wie es uns nie um Verurteilung geht, es geht nicht um Moral, sondern vielmehr um ein Verständnis der Dinge. Was wir wirklich verstehen, das verurteilen wir nicht!

Moralische Entrüstung ist niemandem dienlich, am wenigsten dem, der sich ihrer bedient, denn sie gründet nie auf Liebe. Moralische Entrüstung bestätigt die Rechtschaffenheit, und zwar nicht etwa die des sich in Entrüstung Ergießenden, sondern vielmehr die des angeblichen ›Missetäters‹. *(Anm. der Verfasserin: Scherzhaft gesagt).*

Ein liebendes Herz stört sich nicht an moralischen Prinzipien, ein liebendes Herz handelt nach ethischen Prinzipien und Werten. Wo es dem Menschen weit mehr um Moral als um Ethik geht, da hat die Bedeutung der Form längst die des Inhaltes verdrängt und somit die wirklichen Werte ausgehöhlt, sinnentleert und schließlich ad absurdum geführt.

Ein ›untreuer‹ Mensch ist kein ›schlechter‹ Mensch. Ein ›untreuer‹ Mensch ist auch kein freier Mensch. Ein ›untreuer‹ Mensch ist auf der Suche nach sich selbst. Wir sollten und dürfen niemals die grundlegende und vollkommene Schuldunfähigkeit des Menschen vergessen. Wo Schuld wahrgenommen wird, kann immer nur Irrtum und Illusion sein. Wann immer der Mensch ein Urteil fällt, da ist er auf dem Holzweg.

So sind wir denn bei jenem Aspekt der Treue, der den meisten von Euch wohl die größten Schwierigkeiten bereitet, der Treue zu Eurer Menschlichkeit. Die verständnisvolle und liebende Akzeptanz der eigenen Menschlichkeit führt immer und unfehlbar zur Erkenntnis der eigenen Göttlichkeit, denn Gott ist im Menschen, wie der Mensch in Gott ist!

Gerechtigkeit

Mein lieber Freund, meine liebe Freundin, was ist Gerechtigkeit? Gerechtigkeit – und darin sind wir uns wohl alle einig – bedeutet, dass jedem Menschen das ihm Zustehende zufließen sollte. Nun sind wir uns wohl ebenso einig darin, dass jeder Mensch das ihm Zustehende, einmal abgesehen von den großen gemeinsamen Lebensthemen, individuell und für sich selbst, vollkommen persönlich und anders definiert.

Des Menschen grundsätzlichstes, höchstes und allererstes Recht ist das Recht auf seine Individualität, auf seine absolut ausnahmslose Einmaligkeit. Es ist des Menschen heiliges Recht, wie das jeden Wesens in der Schöpfung, ganz und gar er selbst zu sein. Dieses Recht ist so unantastbar und fundamental, weil Gott selbst Dich schuf, so zu sein, wie Du bist. Nur ein Blinder im Herzen kann glauben, einen Menschen verurteilen und somit Gott ins Unrecht setzen zu können. Er muss also im Irrtum über sich selbst sein, denn Irrtum über sich selbst hat unentrinnbar Irrtum über den anderen zur Folge. Verurteilung ist immer nur da und dort möglich, wo ein Mensch ohne Liebe angeschaut wird. Wo dem Blick die Liebe fehlt, ist immer Fehlurteil. Liebe ist immer gerecht, denn Liebe urteilt nie.

Wie wir gesehen haben, ist Liebe die Wahrnehmung von Vollkommenheit. Die wohl irrigste und dümmste Redensart dieser Welt ist die Behauptung, dass Liebe blind mache. Als ob das nicht genug des Unsinns wäre, wird dem noch eines hinzugefügt in der Annahme, Liebe sei naiv, wehrlos, einfach auszubeuten und zu missbrauchen. Nun, da stellt sich doch die Frage, warum Ihr alle dennoch nach ihr sucht und strebt? *(Anm. der Verfasserin: Scherzhaft gesagt).*

Der Mensch fühlt die Wahrheit über die Liebe weitaus deutlicher, als er sie erklären und beschreiben könnte. Liebe ist nicht wehrlos, weil sie keine Wehrhaftigkeit braucht, Liebe ist vollkommen unangreifbar. Kann es einen besseren Schutz geben? Liebe ist Omnipotenz, sie ist weder blind noch naiv.

Liebe muss nicht großmütig und gönnerhaft ›Fehler‹ übersehen, wie die Welt es so oft darstellt, weil es für die Liebe keine Fehler gibt. Liebe kann und will nichts als lieben, es ist nicht ihr Bestreben zu verändern. Was als vollkommen wahrgenommen wird, bedarf keiner Korrektur. Liebe kann weder ausgebeutet noch missbraucht werden, weil sie sich ewig verschenken will. Das höchste Glück der Liebe ist ihre Annahme. Wer das Geschenk der Liebe annimmt, der gibt ein noch größeres Geschenk zurück.

Liebe will sich verausgaben, daraus lebt und mehrt sie sich. Nun, was hat dies alles mit Gerechtigkeit zu tun? Liebe ist vollkommen gerecht, weil sie immer alles gibt und dennoch gleichzeitig und gleichermaßen alles bei sich selbst und für sich selbst behält. Nie wird ein liebender Mensch seinem Gegenüber das Recht auf sein ureigenstes Sosein absprechen. Was der geliebte Mensch auch immer will, braucht, wünscht oder bezweckt, er ist in seinem Sosein vollkommen verstanden und wird auf seinem Weg mit Freuden begleitet. Liebe ist deshalb vollkommen gerecht, weil sie nie manipulieren, kontrollieren, beherrschen oder gar verändern will.

Liebe ist Loslassen, Zulassen, Freiraum-Schaffen. Liebe will beobachten, kennenlernen, erforschen und Nähe genießen. Wo das Glück im Sosein des anderen begründet liegt, da liegt es auch im Dabei-Belassen. Nie kann eine Persönlichkeit sich freier, vorbehaltloser, ungehinderter und intensiver entwickeln, als wenn sie in ihrem individuellen Sein vollkommen akzeptiert, respektiert und anerkannt wird. Nichts bewirkt so leicht und mühelos Veränderung wie das Nicht-verändern-Wollen. Auch in diesem Aspekt ist die Liebe vollkommen gerecht, denn wer könnte sich anmaßen, eines anderen Wegweiser zu sein?

Liebe zeigt keine Wege, Liebe ist der Weg.

Da Liebe nicht wertet, kann sie eine Situation niemals über- oder unterschätzen. Sie will das, was der andere für sich will, denn Liebe respektiert in jedem Augenblick den Standpunkt des Geliebten und damit seine individuelle und ureigene Persönlichkeitsentwicklung. Wo der Egoismus gerne Ratschläge erteilt, die meist mehr Schläge sind als Rat *(Anm. der Verfasserin: Scherzhaft gesagt)*, da erteilt Liebe immer nur Rat und Ermutigung zur Selbstliebe. Entgegen der irrigen Meinung der Welt, guter Rat sei teuer, sei Euch ans Herz gelegt, dass guter Rat unendlich billig und einfach ist. Der Rat zur Selbstliebe ist der ewig beste und einzig unfehlbare Rat, den Ihr jemals einem anderen wie auch Euch selbst erteilen könnt. Justitia scheint nur blind.

Wie wir in Band I *Des Menschen Wunsch und Gottes Wille* ausführlich behandelt haben, bekommt der Mensch nicht etwa das, was er verdient, sondern das, was er will.

Jeder Mensch verdient alle Liebe und alles Glück der Welt, denn dies zu leben schuf Gott den Menschen und die Welt. Nur die Selbstliebe kann den Menschen dorthin führen und geleiten, dies für sich selbst zu erreichen und zu erschaffen.

Und somit dürfen wir, wenn wir von Gerechtigkeit sprechen, niemals die Gerechtigkeit Dir selbst gegenüber außer Acht lassen. Wer sich selbst nicht liebt, der hat sich schon Unrecht getan. Selbstgerechtigkeit, im ureigenen Sinn des Wortes, gründet sich auf liebevoller, sanftmütiger Akzeptanz der eigenen Persönlichkeit und so, wie Du sie Dir selbst vorlebst und erlaubst, so gibst Du sie auch weiter. Was Segen ist für Dich selbst, ist immer auch Segen für alle anderen.

»Gerechtigkeit ist nichts anderes
als die Nächstenliebe der Weisen.«
Gottfried Wilhelm Leibniz

Mitgefühl

Meine liebe Freundin, mein lieber Freund, Mitgefühl, nicht etwa Mitleid, ist eine der tragenden Säulen der Liebe. Liebe ist das drängende Streben nach Verschmelzung und Einheit, im Geiste wie auch im Herzen. Liebe strebt danach, das Leben des anderen mit ihm zu teilen. Verbindung und Gemeinsamkeit zu leben ist jedes Menschen tiefstes Bedürfnis, denn die Einheit von Alles-was-Ist ist ein der Natur aller Schöpfung inhärenter Seinszustand.

Alles, was ›natürlich‹, also von Gott vorgegeben ist, ist unwiderstehlich in seiner Anziehungskraft. Der ewig unveränderliche Urzustand der vollkommenen Schöpfung will wiedererkannt werden. So sehr dieser Schöpfungszustand der Einheit von und mit Alles-was-Ist auch bedroht oder sogar zerstört anmuten mag, so war er es doch nie. Die Wirklichkeit kann niemals gefährdet sein, denn es kann keine Macht außerhalb der göttlichen, allumfassenden und vollkommen reinen Liebe geben.

Der Mensch strebt nach Einheit und Verschmelzung in Liebe. Er fürchtet kaum etwas so sehr wie das Alleinsein oder gar die Einsamkeit. Räumliche Trennung macht den Menschen noch nicht einsam, das Sich-unverstanden-Fühlen macht den Menschen einsam. So kann auch nur Liebe, die immer Mitgefühl anstrebt und sucht, die Brücke vom Individuum zum Nächsten schlagen.

Liebe ist ›von Natur aus‹ neugierig, sie will das Geliebte verstehen und es in seinem Sosein begreifen, ihm nachempfinden und ihm somit nachspüren können. Das ist Einswerdung im Geiste und im Herzen. Den feinen und doch so folgenschweren Unterschied zwischen Mitgefühl und Mitleid haben wir an anderer Stelle bereits beleuchtet. Hier sei kurz daran erinnert, dass Mitleid aus der Rückerinnerung an das eigene Leid herrührt und somit die vermeintliche eigene Schwäche zementiert. So erhält Mitleid den Status quo beim anderen. Anstatt zu heilen, vermittelt es Ausweglosigkeit.

Mitleid ist im Grunde und in Wahrheit immer eine getarnte Form von Selbstmitleid. Es meint nicht wirklich den anderen und somit meißelt es bei beiden den Glauben an das eigene Unglück in Stein, anstatt Hoffnung, Trost und Erlösung zu bringen. Mitleid ist passiv, wohingegen das Mitgefühl hochgradig aktiv wirkt. Mitgefühl fußt auf Liebe, auf Selbstlosigkeit und somit auf ehrlichem Interesse für die Belange des anderen.

Wer Mitleid hat, redet,
wer Mitgefühl hat, hört zu.

Liebe versteht alles, weil sie alles verstehen will. Sie will wissen, wie es ist. Liebe will die Dinge nicht anders sehen, als sie sind, denn Verschmelzung und Einheit zwischen zwei Menschen sind immer nur im Hier und Jetzt möglich, also in der vorbehaltlosen Anerkennung und Akzeptanz des Istzustandes.

Wo Leid gelindert werden soll, muss es erst einmal anerkannt werden. Nichts tröstet und ermutigt einen leidenden Menschen so sehr wie Mitgefühl. Wo Mitleid den Menschen in seinem Elend erstarren lässt, da mobilisiert echtes Mitgefühl ungeahnte Kräfte und Reserven, denn erfahrene Liebe ist immer auch aktive und konkrete Rückerinnerung an die Selbstliebe. So setzt Mitgefühl heilerische Kräfte ungeahnten Ausmaßes frei, denn die Liebe verfehlt nie ihr Ziel, das ewig das Glück und nichts als das Glück des anderen ist.

»So mancher scheint beim ersten Blick
verschlossen, starr und eisig kühl,
doch birgt sein Herz für den, der sucht,
den reichsten Schatz an Mitgefühl.«
Wilhelm Jordan

Stärke

Mein lieber Freund, meine liebe Freundin, die natürliche Sanftmut der Liebe wird irrtümlicherweise häufig mit Schwäche gleichgesetzt. Nichts entspricht der Wahrheit weniger als diese Fehleinschätzung.

Die Liebe braucht kein lautes Getöse und kein schrilles Geschrei. Nichts ist so still wie die Liebe und dennoch ist nichts so aussagekräftig und sinnerfüllt. Liebe kann sich Stille ›erlauben‹, denn nichts ist so macht- und kraftvoll in seiner reinen Präsenz.

In dieser Welt ist die Liebe, im wortwörtlichen Sinn, nicht sichtbar und doch wird sie in ihrer ganzen Macht und Kraft gefühlt, erfahren und gelebt. Wir können Liebe erahnen und wir erkennen sie in ihren Wirkungen, in ihren Worten und Taten. Wo Liebe spricht, da folgt dem Wort immer und unfehlbar die Tat. Liebe, die leeres Lippenbekenntnis bleibt, ist keine, denn dem wahren Wort folgt immer die wahre Tat.

Wie wir bereits sagten, ist Liebe hochgradig konsequent. Sie kennt weder Kompromiss mit Lieblosigkeit noch mit Gleichgültigkeit. Liebe ist nur dann Liebe, wenn sie aktive Liebe ist. Sie handelt dadurch, dass sie ist. Keine Tat, kein aktiver Akt ohne Liebe, kann jemals so mächtig sein wie die pure reine Gegenwart der Liebe. Dass sie dennoch zur Handlung auffordert, liegt an ihrem ewig unstillbaren Drang nach Ausdruck und Ausdehnung. Wenn die Liebe gebietet, folgt der Mensch. Kein Ego kann sich der Macht der Liebe widersetzen. Sowie Liebe als solche erkannt wird, gehorcht die ganze Schöpfung. Sie ist die Macht, die Berge versetzen und vermeintliche Gesetze aushebeln kann, denn Liebe hat gestaltbildende Kräfte. Liebe ist göttliches Gesetz und, im Grunde und in Wahrheit, das einzig gültige Gesetz.

Den Menschen, die sich immer wieder fragen, ob es genügen kann zu lieben, sei gesagt, dass es niemals mehr geben kann. Gott ist Liebe und Liebe ist Gott. Wo Anbindung an die Liebe ist, ist Anbindung an Gott selbst und damit an die göttliche Macht und Schöpferkraft.

Liebe kann mehr als nur Berge versetzen,
Liebe hat sie erschaffen.

Wenn der Mensch liebt, dann verfügt er nicht nur über ungeahnte Kräfte, sondern vor allem und ganz besonders über nie versiegende. Liebe, der göttliche Urstoff aller Schöpfung, erschafft sich selbst ständig neu aus dem eigenen Sein heraus.

Wie wir in Band I *Des Menschen Wunsch und Gottes Wille* gesehen haben, ist sie das einzig wirklich existente Perpetuum mobile, nach dem die Menschheit seit Urzeiten sucht. Wäre es nicht in Dir, Du könntest weder nach ihm fragen, noch nach ihm suchen. Die Macht der Vorstellung erschafft die Dinge nicht – das tut Gott –, doch sie lässt sie erkennen.

Wie wir wissen, ist Liebe gestaltbildend, also hochgradig schöpferisch. Die verschlungenen Pfade, die die Liebe geht, sind deshalb verschlungen und oftmals undurchschaubar, weil die Liebe in der ganzen Komplexität ihrer grenzenlosen Weisheit niemals endgültig begriffen werden kann. Wir können, wollen und werden die Liebe bis in alle Ewigkeit erforschen, denn das ist, was schlussendlich die ganze Schöpfung tut, dennoch wird sie ein ewiges, herrliches Mysterium bleiben. Zu unser aller Freude und zu unserem höchsten Glück wird es ewig so bleiben. Sowie sich uns ein Aspekt der Liebe erschließt und offenbart, tun sich tausend neue Fragen auf. Immer dann, wenn wir meinen, wir haben Gott gefunden, ist Er schon wieder mehr von alledem, was wir in ihm erschaut haben.

Die unbegreifbare göttliche Ausdehnung der Liebe ist der ewige Garant für die nie endende Glückseligkeit der ganzen Schöpfung. Wenn Menschen über sich selbst hinauswachsen, sind sie immer und ausnahmslos von der Liebe geführt, getragen und beflügelt. Die Menschheit wird immer in gleichem Maße Fortschritt und Glück hervorbringen und erfahren, in dem sie die Urgewalt der Liebe anerkennt und nutzt. Es mag im ersten Augenblick befremdlich erscheinen, dass der Mensch die Liebe nutzen darf, ja, er kann und sollte sie nutzen, denn dazu ist sie gegeben, das ist ihr heiliger Sinn und Zweck.

Liebe nutzt man, indem man ihr dient.

Der Nutzen der Liebe ist wahrhaft grenzenlos und unbeschreiblich, ihre Bedeutung für den einzelnen Menschen, wie auch für die Menschheit als Kollektiv, kann in Worten niemals ausgedrückt oder beschrieben werden. Hass macht abhängig und unfrei, Gleichgültigkeit macht blind und stumpf und Angst macht einfach nur verrückt. Die Liebe aber macht frei, stark, furchtlos und vor allem glücklich. Sie ist sanft, rücksichtsvoll und milde in ihrem Handeln, sie kann es sein, denn sie bezieht all ihre Macht und Stärke aus ihrem Sein. Mit anderen Worten: Nur die Liebe bezieht ihre Stärke aus sich selbst heraus. Liebe macht deshalb stark, ja sogar unüberwindlich, weil sie stark ist.

Wenn man die Liebe überhaupt mit dem Begriff ›Kampf‹ in Beziehung bringen will, dann insofern, als dass sie gegen Angst, Leid und Mangel ankämpft. Genau genommen kämpft die Liebe niemals gegen irgendetwas, denn das Konzept von Liebe einerseits und die Konzepte von Angst, Leid und Mangel andererseits schließen sich ganz von selbst gegenseitig aus. Es ist völlig unmöglich, gleichzeitig Liebe und Angst oder Mangel zu fühlen. Wie wir in Band II *Um Gottes willen und um deinetwegen* gesehen haben, definiert sich die Angst ja schließlich erst dadurch, dass sie außerhalb der Liebeswahrnehmung steht.

Da und dort, wo Liebe ist, sind Angst, Leid und Mangel hinweggefegt und vergangen, als seien sie nie gewesen. Liebe verbannt Angst und Not ins Reich der Illusionen, aus der sie gekommen sind, und damit in die Gefilde des Unwirklichen. Was als unwirklich erkannt ist, das ist nicht mehr. Liebe kämpft also nie gegen irgendetwas, sie erhellt die Dinge einfach nur. Sie führt Wahrheit zu Wahrheit und enttarnt die Illusion als das, was sie ist.

Liebe kämpft nie gegen, sondern für etwas. Sie kämpft für die Liebe im Menschen selbst und damit für den ganzen, wahren Menschen, für Gott und für das Leben selbst. Liebe ist deshalb hochgradig stark und ›kämpferisch‹, weil ihr jegliche Aggression fehlt. Sie ist nicht nur die reinste Form der Energie in der ganzen Schöpfung, sondern im Grunde und in Wahrheit auch die einzige. Liebe verausgabt sich in nichts anderem als in ihrem eigenen, reinen Sein. Um die Liebe zu verstehen, kann gar nicht oft genug gesagt werden, dass Liebe nichts als lieben kann und will. Weil Liebe sich immer völlig verschenkt, gibt es in ihr weder Verluste noch verschwendete oder ungenutzte Energien und Potenziale.

Liebe verliert oder verirrt sich nie in Aggression, denn sie ist dem Wesen der Liebe völlig fremd. Außerdem ist Aggression viel zu uneffektiv, als dass sich die Liebe ihrer bedienen würde. Aggression ist das stumpfe Beil der Schwachen und Ängstlichen. Sie ist immer kräftezehrend und zermürbend, sie führt die Leidspirale ständig weiter in dunklere Untiefen.

Liebe dagegen wirkt immer punktgenau, zielstrebig und angemessen, deshalb geht sie aus jeder Situation siegreich hervor. Dies ist schon aus dem einfachen Grunde so, weil derjenige, der liebt, schon von vorneherein gewonnen hat: Liebe ist Sieg, Gewinn, Bereicherung und Glück. Aus ihrer natürlichen Stärke heraus ist die Liebe in der Lage, alles zu ertragen, denn sie korrigiert den Blick auf die Dinge und lässt den Segen und die Weisheit in jeder Situation erahnen und erspüren. Liebe glättet die Wogen in noch so stürmischer See, denn sie heilt aus ihrer eigenen Kraft heraus.

Liebe besänftigt das Gemüt und verkürzt jeden Trauerprozess um ein Vielfaches. Wenn ein liebender Mensch leidet, ist die Liebe selbst immer und ausnahmslos die Heilerin jedes Schmerzes. Liebe spendet dort Trost, Kraft und Zuversicht, wo die Dinge sich dem Verständnis des Menschen entziehen, weil sie die tiefe Sinnhaftigkeit erkennen lässt. Wenn die Furcht Mauern gegen raue Winde errichtet, dann baut die Liebe Windmühlen.

Weisheit

Meine liebe Freundin, mein lieber Freund, wenn wir Weisheit kurz und bündig definieren wollten, dann würden wir sagen, Weisheit ist die Fähigkeit zum Glück, ungeachtet der äußeren Umstände.

Damit dürfte uns schlagartig bewusst werden, dass Weisheit ein tiefes, unerschütterliches Gottvertrauen voraussetzt. Eben genau dieses tiefe, stille Gottvertrauen ist das, was weise Menschen mit einer irgendwie bezaubernden Gelassenheit umgibt. Ein weiser Mensch übt immer eine starke Anziehungskraft auf andere aus, die Magie menschlicher Gelassenheit wirkt ansteckend tröstlich und besänftigend.

Weisheit ist das erstgeborene Kind der Liebe. Das Maß an Weisheit, das ein Mensch sein Eigen nennen kann, ist ausschließlich an seiner Liebe zu messen. Ein weiser Mensch lebt ganz und gar aus der Liebe heraus und für die Liebe. Da wir, trotz all unserer Bemühungen, das Wunder der Liebe letztlich niemals wirklich begreifen können, dient der Weise einem ihm unbekannten Herrn, einem Herrn, den er nicht wirklich kennt und versteht. Mit anderen Worten und ganz pragmatisch ausgedrückt: Niemand ist so ›unvernünftig‹ wie der Weise! *(Anm. der Verfasserin: Scherzhaft gesagt)*.

Der menschliche Verstand mag vernünftig sein oder zumindest bemüht er sich um Vernunft. Liebe jedoch ist alles andere als vernünftig, dazu ist sie viel zu weise. Die

Weisheit der Liebe entzieht sich nicht etwa der Vernunft des rationalen Verstandes, sie geht weit darüber hinaus und übersteigt sie um ein Unendliches. Die Liebe – und damit auch die Weisheit – bewegt sich immer in der göttlichen Wirklichkeit aller Dinge und damit in Gefilden, die dem Menschen im Umfeld seiner materiellen Welt großteils verborgen und fremd sind. Die Welt der reinen Liebe, die wirkliche Welt eben, erschließt sich dem Menschen nur da und dort, wo er liebt und dort, wo der Mensch liebt, ist er immer weise.

Liebe handelt unfehlbar weise, weil Liebe unfehlbar weise ist. Nichts ist weiser als zu lieben, denn wann warst Du jemals glücklich ohne Liebe? Liebe ist logisch und in ihrer Logik liegt ihre Weisheit. Liebe ist die einfachste jemals denkbare Form von Logik und das macht sie ebenso unfehlbar wie komplex. Sie ist das ›Amen des Universums‹ und das macht sie zur einzigen und ewigen Antwort auf jede Frage, die jemals gestellt werden kann: Nur die Liebe vermag dies zu vollbringen.

Menschen, die immer aus der Liebe heraus entscheiden und handeln, mögen weltfremd und verschroben wirken – und weiß Gott, sie sind es! *(Anm. der Verfasserin: Scherzhaft gesagt und in ganz besonders sanfter Weise).* Wer in einer solchen Lebensweise Risiko, Gefahr und Entsagung sieht, und das tun die meisten von Euch, der übersieht, dass der Mensch, der aus der Liebe heraus lebt, ein glücklicher Mensch ist. Bedingungslose Liebe, zum Selbst wie auch zum anderen, bringt Glück hervor, weil Liebe sich nie gegen das Glück entscheidet. Weil Liebe Glück ist, kann sie auch nichts anderes wollen.

Der Mensch ist es gewohnt, große Dinge im Komplizierten und Unerreichbaren zu suchen, weit entfernt von sich selbst und seinem eigenen persönlichen Leben. Doch wirklich große Dinge sind immer einfach und wer die Einfachheit darin nicht ehrt, hat die Größe nicht erkannt und verstanden. Wenn ein Mensch also in einer schwierigen oder sogar scheinbar ausweglosen Situation fragt, wozu die Liebe in ihrer Weisheit wohl raten würde, dann mag es geradezu albern einfach klingen, wenn wir sagen: Die Liebe liebt einfach weiter.

So wie die Weisheit der Liebe letzter Schluss ist,
so ist auch die Liebe der Weisheit letzter Schluss.

Und so steht die Weisheit am Anfang wie auch am Ende der Liebe. Was kann am Anfang weiser sein, als sich für die Liebe zu entscheiden? Wenn dies getan ist, folgt die Weisheit der Liebe auf dem Fuße. Sie offenbart in jedem Augenblick für jedes Problem die rechte Lösung.

In der bedingungslosen Liebe liegt eine tiefe innere Gewissheit, eine unerschütterliche Selbstsicherheit, die nicht von dieser Welt ist. Jeder von Euch kennt dieses Gefühl tiefsten inneren Wissens das Richtige zu tun, ohne dass Ihr es mit weltlichen Gründen erklären könntet. Und so verlässt sich die wahre Liebe ganz einfach auf die ihr innewohnende Weisheit. Liebe weiß einfach, dass die Weisheit ihr den rechten Weg zur rechten Zeit aufzeigt.

Hierin liegt die geheimnisvolle Gelassenheit des Weisen, von der wir eingangs sprachen. Wer aus der Liebe heraus lebt, der ist wirklich und wahrhaftig ›von guten Mächten wunderbar geborgen‹ und er weiß und fühlt es. In dieser Liebe gibt es niemals Reue, Bedauern oder gar Schuldgefühl, denn die Weisheit weiß, dass jeder Fluch durch Liebe zum Segen führt, unfehlbar und ausnahmslos.

»Das deutlichste Anzeichen von
Weisheit ist anhaltende gute Laune.«
Michel de Montaigne

Unschuld

Mein lieber Freund, meine liebe Freundin, wohl kaum ein Prinzip ist in dieser Welt ein so heißes Eisen wie der Begriff der Unschuld. Nicht umsonst zieht sich dieses grundsätzliche Thema menschlicher Erfahrungsrealität wie ein roter Faden durch unsere gesamte bisherige Arbeit. Den grundsätzlich illusorischen Charakter der menschlichen Schuldfähigkeit wollen wir an dieser Stelle nicht erneut aufgreifen, vielmehr verweisen wir auf die jeweiligen Stellen in Band I *Des Menschen Wunsch und Gottes Wille*.

Unschuld ist, ganz allgemein gesprochen, göttlicher Urzustand aller Schöpfung und so, wie Gott die Dinge schuf, so sind sie in Ewigkeit. Liebe fragt immer nur nach sich selbst, Liebe begehrt nichts als sich selbst, Liebe will nichts als sich selbst, Liebe sucht nichts als sich selbst, Liebe bezweckt nichts als sich selbst, Liebe bewirkt nichts als sich selbst und Liebe erkennt nichts als sich selbst. Darin liegt ihre natürliche Unschuld. Wessen könnte sich Liebe also schuldig machen?

Der Mensch, der liebt, ist immer integer. Das in dieser Welt so vieles, was aus Liebe geschieht, dennoch am Ziel vorbeizuschießen scheint, liegt an der mangelnden Gesamtübersicht und dem fehlenden Verständnis für die Komplexität der ganzen Situation. Doch, wie wir im vorherigen Kapitel gesehen haben, zeigt und bahnt die Weisheit immer den richtigen Weg. Die Weisheit bahnt den rechten Weg, die Liebe geht ihn.

Da das Wort ›Unschuld‹ unter Euch Menschen meist schwer und schmerzlichst fehlbesetzt ist mit seinem Gegenteil, dem Konzept der Schuld, wollen wir hier, wenn wir von Unschuld reden, lieber das Wort ›Einklang‹ verwenden.

Liebe ist in vollkommenem Einklang mit Dir selbst, mit Gott und mit der ganzen Schöpfung. Mit anderen Worten: Liebe kann niemals anecken, Schmerz oder Zerstörung verursachen und dadurch Disharmonien auslösen.

Der liebende Mensch bewegt sich durch die Welt und sein Leben wie der perfekt spielende Musiker eines großen Orchesters, der bei einer wunderbaren, harmonischen Symphonie mitwirkt. Mehr noch, in Wirklichkeit ist er der Dirigent, denn wo die Liebe ist, da ist auch die Macht und die Macht liegt eben immer bei dem, der sie hat.

Liebe offenbart einerseits den Einklang des Menschen mit dem Menschen und schafft und erneuert ihn andererseits. Die Dinge zu offenbaren, bedeutet immer auch, sie zu bestätigen, zu bekräftigen und neu zu erschaffen. Das ist Evolution, das ist Erkenntnis! Liebe ist auch deshalb ein Synonym für Einklang, weil sie hochgradig konstruktiv ist. Liebe wirkt immer schaffend, weil sie die Schöpferkraft selbst ist. Liebe zerstört nie!

In zwischenmenschlichen Beziehungen tritt die aufbauende Kraft der Liebe am deutlichsten zutage. In jeder Liebesbeziehung, ganz gleich ob Partnerschaft, Vater- oder Mutterliebe, Geschwisterliebe oder freundschaftliche Bindung, wird der geliebte Mensch zur Selbstliebe angehalten und geführt. Die Mehrung der Selbstliebe bedeutet immer ein Höchstmaß von Zunahme an beglückender Selbsterkenntnis und strahlender Persönlichkeitsentwicklung. Der Mensch, der wahrhaft geliebt wird, wird sehr viel mehr er selbst und bezeugt es in seinem Lebenswandel. Der geliebte Mensch wird regelrecht durch sein Leben getragen, sowohl durch die Selbstliebe als auch durch die Liebe des anderen.

Die verschiedenen Aspekte der Liebe bestätigen und potenzieren sich immer gegenseitig. Liebe darf alles! Sie darf alles, weil sie nichts will. Liebe ist vollkommenes Loslassen des anderen in seinem Sosein und deshalb sind die Taten der Liebe immer segensreich für jeden, den sie berühren.

»In jedem Menschen wohnt
eine eigene Unschuld.«
Hugo von Hofmannsthal

3. Teil

Die Beschaffenheit der Liebe

Fürsorge

Meine liebe Freundin, mein lieber Freund, das Tragen von Fürsorge ist ein fundamentales Bedürfnis jedes Menschen. Der Mensch, und damit sind ganz sicher nicht nur die Mütter dieser Welt gemeint, sehnt sich nach etwas oder jemandem, das oder den er umsorgen, hegen und pflegen will und kann.

Fürsorge ist sehr viel mehr als nur angenehmes Beiwerk des menschlichen Lebens, in der Fürsorge findet die Liebe des Menschen ihre ganze Erfüllung. Sie ist der praktische Nutzen der Liebe, denn hier kann sie sich Ausdruck verschaffen. In der Fürsorge erweckt sich die Liebe zum Leben, hier wird sie wirklich, praktisch, real und im wahrsten Sinne des Wortes ›genießbar‹, und zwar für den Gebenden wie auch für den Nehmenden. Es gehört zu den süßesten Wonnen menschlichen Daseins, Geliebte und Geliebtes umsorgen zu dürfen und zu können.

Fürsorge ist niemals Opfer. Wenn sie als Last empfunden wird, mangelt es mit Sicherheit an Fürsorge für sich selbst. Wie wir also sehen, kommen wir auch in diesem wie in jedem anderen Aspekt der Liebe nicht um die Selbstliebe herum. Wird Fürsorge als eine Bürde empfunden, geht es nicht um ein ungesundes Verhältnis zwischen dem Geben und Nehmen im zwischenmenschlichen Bereich, sondern vielmehr um ein Ungleichgewicht im Umgang mit der eigenen Persönlichkeit. Man kann einem anderen niemals zu viel geben. Fürsorge ist ein fundamentaler Eckstein gelebter

Liebe, sie ist sozusagen ihr Gradmesser. Das Sichkümmern um den Erhalt dessen, was geliebt wird, entspringt dem tiefsten Wesenskern der Liebe selbst. Mehr noch als um den bloßen Erhalt geht es der Liebe um Wachstum, Entfaltung und Gedeihen dessen, was man liebt.

So wie die Liebe selbst in ewiger Ausdehnung begriffen ist, so will sie auch das immerwährende Wachstum für ihr Ziel. Alles, was der Liebe anvertraut ist, strebt nach steter Vermehrung und Erweiterung. So wie ein Kind, das in fürsorglicher Atmosphäre aufwachsend, ganz einfach und selbstverständlich seine Möglichkeiten auslotet, so leicht wächst es auch in seine Potenziale hinein.

Doch nicht nur beim Kinde ist dem so. Fürsorge bietet dem Menschen in jeder Lebensphase den Rahmen an emotionaler Geborgenheit, den er braucht, um zu seinem vollen Potenzial heranzureifen. Der Mensch, der sich geborgen fühlt in einem inneren Zuhause, kann sozusagen ›hinausgehen und seine Welt erobern‹. Derjenige, dem es an Fürsorge mangelt von sich selbst für sich selbst wie auch von seinesgleichen, ist wie ein Baum, dem die Bewurzelung fehlt, die er braucht, um seine Krone ausstrecken zu können. Wer jedoch Fürsorge kennt und erfahren hat, der wird sein Leben lang Sicherheit nur dort suchen, wo sie auch zu finden ist, in der Liebe.

Wie wir in Band II *Um Gottes willen und um deinetwegen* gesehen haben, suchen Menschen Sicherheit in den absurdesten Dingen. Am augenfälligsten ist wohl die Suche nach Halt und Sicherheit im Geld. Wer die Liebe wirklich kennt, wird diesen eklatanten und tragischen Denkfehler niemals machen und Geld mit Liebe verwechseln: Nur Liebe ist Liebe!

Wie wir wissen, bedeutet Liebe auch Loslassen. So kann wahre Fürsorge sich rühmen, den Menschen niemals zu überfordern, weder den Gebenden noch den Nehmenden.

Liebe lebt im ständigen Spannungsfeld zwischen Kommen und Gehen, Nehmen und Geben, Kümmern und Sich-selbst-Überlassen. Wie der liebevolle Gärtner, der seinen Garten hegt und pflegt, ihn ansonsten sich selbst überlässt und sich am Wachsen und Werden erfreut, so umgibt die sanftmütige Fürsorge den geliebten Menschen wie mit einem weichen Mantel. Dem Menschen, der Fürsorge kennt, ist immer warm ums Herz.

Fürsorge macht den Menschen unabhängig, denn sie lehrt den sorgsamen Umgang mit sich selbst und das Vertrauen in die eigene Kraft.

Das A und O der Fürsorge ist nicht etwa eine Frage der Quantität – in der Liebe kann es niemals ein Zuviel geben –, sondern vielmehr eine Frage der Qualität. Wenn ›Fürsorge‹ Abhängigkeit, Enge und Furchtsamkeit hervorruft, dann ist sie keine. Da wahre und weise Fürsorge der Liebe entspringt, besudelt und belastet sie das Objekt ihres Strebens niemals mit Angst und Sorge, sondern stärkt vielmehr das Urvertrauen in das Leben schlechthin und den Glauben an die eigenen Fähigkeiten.

Wenn die Welt allgemein von ›Überbehütung‹ spricht, dann ist in der Tat genau das Gegenteil der Fall. Wo keine Freiheit, keine Selbstverantwortlichkeit und kein Gottvertrauen gelehrt und vermittelt werden, da ist grobe Vernachlässigung am Werk. Der Liebe ist nie zu viel getan. Wo dies so scheint, ist die Liebe nicht verstanden und mit Egoismus, Dominanz und Kontrollbedürfnis verwechselt worden. Mit alledem hat Liebe nicht das Geringste zu tun, denn solche irrigen Konzepte entstammen samt und sonders der Angst und dem Glauben an Schwäche, Schuld und Mangel. Fürsorge will niemals dominieren, sie will das Glück des anderen, das nur im Respekt seiner Freiheit entstehen kann.

»Beständige Aufmerksamkeit ist
das Ärmelhochkrempeln der Liebe.«
Regulus

Schutz

Mein lieber Freund, meine liebe Freundin, jeder Mensch kennt den starken Impuls, das zu beschützen und zu bewahren, was er liebt. Der sogenannte ›Beschützerinstinkt‹ ist dem Drang nach Fürsorglichkeit sehr nahe.

Liebe ist in ein Höchstmaß gesteigertes Wohlwollen und will immer das Optimum für den Geliebten. Wie wir wissen, definiert sich die Liebe durch den absoluten Respekt des Soseins des anderen. Mit anderen Worten: Liebe nimmt den anderen nicht nur so, wie er ist, Liebe will ihn auch so. Da Liebe, wie gesagt, das Optimum für den anderen will, sucht sie immer, ihn vor Schaden zu bewahren.

Dieser ›Instinkt‹, dieser Wesenszug ist in der ganzen Schöpfung zu beobachten und ebenso kreatürlich und menschlich wie göttlich. Obwohl dieses Attribut, wie auch das der Fürsorge, vor allem der Mütterlichkeit zugeordnet wird, ist es doch ebenso sehr ein väterliches. Wie wir es bei der Fürsorge schon gesehen haben, so dient auch die Schutzfunktion sowohl der Lebenserhaltung als auch der Steigerung der Lebensqualität. Wenn wir im direkten Zusammenhang mit der Liebe von Schutz sprechen, dann kann Schutz nur definiert werden als der heftige und unwiderstehliche Drang, den anderen vor Verletzung zu bewahren.

Wer liebt, der zollt dem geliebten Wesen ganz selbstverständlich den Respekt seines Gesamtwesens in all seinen Facetten und damit auch seines freien Willens. Ebendiese Willensfreiheit impliziert, dass jeder Mensch die Möglichkeit wie auch die Freiheit besitzt, sich selbst in qualvolle Situationen zu bringen. Es gehört wohl mit zum Schwierigsten und Schmerzlichsten menschlicher Erfahrungsrealität, ›mit ansehen zu müssen‹, wenn ein von Herzen geliebter Mensch in misslicher Lage leidet. Da Verletzung und Not letztlich immer selbst verursacht sind – wir erinnern uns an Band I *Des Menschen Wunsch und Gottes Wille* –, kann Schutz immer nur Schutz vor Selbstverletzung bedeuten. Die Ermahnung zur Selbstliebe ist die höchste, weiseste und wirkungsvollste Form von Schutz, die Du einem anderen angedeihen lassen kannst.

Wie könntest Du einen anderen besser beschützen,
als ihn stark zu machen im Glauben an sich selbst?

Die Ermahnung zur Selbstliebe ist das kompromissloseste, eindeutigste und umfassendste ›Ja‹, das ein Mensch einem anderen jemals anbieten kann. Schutz ist niemals partiell, also nie ausschließend. Der Aufruf zur Selbstliebe ist Liebe in ihrer höchsten und schönsten Ausprägung, denn er ist Angebot von Unabhängigkeit und Freiheit.

Wer beschützen will, fördert die Autonomie des anderen wie auch die eigene, denn Dein Selbstschutz ist der beste Schutz für all jene, die Du liebst. Wo keine Abhängigkeiten sind, sind auch keine Zwänge, keine Überforderung und keine Ausbeutung. Es kann gar nicht deutlich genug gesagt werden, wie sehr der Glaube an die Kraft des anderen und das Vertrauen in seine Stärke ungeahnte Kräfte und ungenutzte oder unerkannte Potenziale in ihm zum Vorschein bringen und mobilisieren kann. Nichts spornt einen Menschen mehr zu Höchstleistungen an als das Vertrauen, das ein anderer in ihn setzt. Der Mensch, an den geglaubt wird, kann an sich selbst glauben. Das ist aktiver Schutz und die Weisheit der Liebe weiß, an welchem Punkt sie handelnd eingreifen muss und wann nicht.

Wenn man beschützen will, muss man die Grenzen kennen, die eigenen wie auch die des anderen.

Liebe wertet nicht, Liebe liebt. Sie erkennt die Grenzen ebenso freudig an und heißt sie so herzlich willkommen wie die Potenziale und Fähigkeiten. In der Liebe verschwimmen die Grenzen zwischen den Grenzen und den Potenzialen und verwachsen ganz einfach miteinander zu der geliebten Gesamtpersönlichkeit. Der Mensch wird in seiner ganzen Individualität geliebt, in der alle Charakterzüge in des Menschen ganz persönlicher Eigenart harmonisch miteinander verschmelzen.

Und damit wären wir am Ende unserer Ausführungen zum Thema Schutz, denn hier, bei der bedingungslosen Liebe, schließt sich der Kreis. Die Liebe ist das Beste, das man einem Menschen und jeder Kreatur antun kann. Punktum. Die Liebe als solche bietet dem Geliebten völlig selbstverständlich Schutz, und zwar ganz und gar aus sich selbst heraus, durch ihr reines Sein. Der Mensch, der geliebt wird, lebt wie in einer Wolke aus Licht. Die Wirkungen dieser Liebe sind schier unbeschreiblich, sie wirkt ähnlich wie ein Blitzableiter und fügt die Dinge auf wundersame Weise. Wo Liebe ist, da geschehen immer Wunder. Wer die Liebe liebt und echte Begeisterung für sie aufbringt, dem erschließen sich diese Wunder auf ganz einfache Weise. Für die Liebe ist ein Wunder eine ganz natürliche Sache, ist sie doch selbst ein Wunder. Liebe, die Schöpferkraft schlechthin, ist sowohl die natürlichste als auch die wunderbarste Sache der Welt, im wahrsten Sinne der Worte. So Du dies wirklich verstehst, tun sich Dir neue Welten auf. Gott schütze Dich.

»In einem Augenblick gewährt die Liebe,
was Mühe kaum in langer Zeit erreicht.«
Johann Wolfgang von Goethe

Unterstützung

Meine liebe Freundin, mein lieber Freund, Unterstützung, Förderung und Ermutigung sind Liebesbezeugungen, die oftmals allzu leichtfertig hingenommen und in ihrer Bedeutung abgetan werden.

Förderung und Unterstützung erfordern konsequente Anteilnahme am Leben und Werdegang des anderen. Konsequenz in der Liebe bedeutet beständige Akzeptanz und ausnahmslosen Respekt des jeweiligen Standpunktes wie auch des Weges, den der andere zu gehen wählt. Unterstützung bedeutet nicht Bevormundung, denn dann ist sie keine.

Wie wir weiterhin sehen werden, ziehen sich der absolute Respekt vor dem Individuum und seinem freien Willen wie ein roter Leitfaden durch all unsere Worte. Man liebt den anderen, wie er ist, oder gar nicht. Wer einen Menschen wie bei einer Autopsie in ›geliebte‹ und ›unerwünschte‹ Eigenschaften seziert, der versucht, eine Persönlichkeit zu kreieren, die er nicht ist, und einen künstlichen Menschen zu erschaffen, den es so nicht gibt. Das aber ist keine Liebe, sondern Illusion, denn was der Mensch hier zu lieben glaubt, ist ein Phantom. Liebe kann und will nur das lieben, was da ist. Alles andere ist Hirngespinst und zerstörerisch für beide Seiten.

Liebe ist niemals Bevormundung, führt diese doch immer in Abhängigkeiten und somit in emotionale Gefangenschaft. Weise, liebevolle Unterstützung wirkt einem guten Therapeuten gleich, der seinen Patienten dahingehend führt, dass dieser die Antworten auf all seine Fragen selbst findet. Förderung stützt, was da ist, und ersetzt es nicht durch wesensfremde Inhalte. Eine konstruktive Unterstützung fördert und ermutigt schon allein dadurch, dass sie erst dann eingreift, wenn sie vonnöten ist und in irgendeiner Weise erbeten wird. Es ist dem Menschen zutiefst Bedürfnis, sich selbst ›auszuprobieren‹, seine Grenzen auszuloten und sich selbst durch seine persönlichen Erfahrungen zu definieren.

Die größte und stärkste Wirkung von Unterstützung liegt allein in der Gewissheit, dass sie da ist, wenn man sie braucht. Niemand braucht weniger Hilfe als derjenige, der sich ihrer sicher sein kann. Der Hochseilartist kann sowohl sichere als auch gewagte und neue Schritte vollführen, weil er um das Netz weiß. Was er ohne Netz kaum je gewagt hätte, jetzt schafft er es anmutigen Schrittes und leichten Herzens. Das Netz ›tut‹ nichts, es ist einfach nur da.

Liebe ist immer auch Loslassen. Förderung ist nur dann förderlich, wenn sie in die Richtung geht, in die sie gehen will. Liebe fordert den geliebten Menschen immer dazu auf, ganz und gar er selbst zu sein. Wo wir im anderen nur die Ausdehnung von uns selbst sehen, haben wir die Liebe nicht verstanden.

Wenn ein geliebtes Wesen Dich nicht mehr überraschen darf, dann ist es nicht länger geliebt.

Die Unterstützung und Ermutigung der anderen trägt immer auch die Komponente der Rückkoppelung an eigene, ungenutzte Potenziale in sich. Niemand kann eines anderen Ratgeber und Stütze sein, ohne es sich selbst zu sein, denn Lehren bedeutet immer auch Lernen. Wie wir schon oft sagten, geht Liebe immer in alle Richtungen gleichzeitig und so geht auch der unterstützende Helfer jedes Mal gestärkt aus der Situation hervor. Wer heute Dein Schüler ist, wird morgen Dein Lehrer sein und Dein Lehrer von heute, ist Dein Schüler von morgen. Was Du lehrst, das lernst Du und was Du lernst, das lehrst Du.

»Schenke mir keine Fische,
sondern zeige mir, wie man fischt.«
Altes indianisches Sprichwort

Herzlichkeit

Mein lieber Freund, meine liebe Freundin, wenn der Mensch erst einmal damit aufhört, etwas Nettes zu sagen, dann hat er meist auch damit aufgehört, etwas Nettes zu denken. Herzlichkeit ist mehr als freundliche Worte und höfliche, gute Manieren im Umgang miteinander.

Herzlichkeit ist die Pflege der Liebe. Sie ist bewusst gelebte Liebe, die in jedem Augenblick nach warmherzigem Ausdruck verlangt. Herzlichkeit ist die unverfälschte Kommunikation des Herzens. Keine andere menschliche Eigenart drückt sich so stark und eindeutig in der Mimik, der Gestik und der gesamten Körpersprache aus wie die Herzlichkeit.

Verbale Herzlichkeit spiegelt sich in Höflichkeit wider. Ehrliche Höflichkeit, die dem Respekt entstammt, ist eine echte Herzensangelegenheit. Wo Herzlichkeit und Höflichkeit im Gespräch und im Umgang schwinden, da ist auch keine Liebe. Höflichkeit ist die wohl eleganteste Form der Rücksichtnahme *(Anm. der Verfasserin: Scherzhaft gesagt)* und dazu noch eine sehr wirkungsvolle.

Wir reden hier nicht über altmodische Benimmregeln ohne echte Inhalte, die gerade wieder ›en vogue‹ sind. Wir reden über ganz konkret im Alltagsleben ausgedrückte Liebe. Herzlichkeit im aktiven Umgang miteinander entspringt echter Warmherzigkeit, ebenso wie Höflichkeit echtem Respekt entspringt. Deshalb sind beide, Herzlichkeit und Höflichkeit, unmöglich zu heucheln. Die Augen und die

Ohren mag man bisweilen täuschen können, doch Herzlichkeit ist eine Sprache von Herz zu Herz und auf dieser Ebene der Erfahrung ist Vortäuschung falscher Tatsachen ewig unmöglich. Wenn wir von Herzlichkeit sprechen, dann kommen wir um den Humor nicht herum. Die Tatsache, dass Liebende ständig und wunderbar miteinander und zuweilen auch übereinander *(Anm. der Verfasserin: Scherzhaft gesagt)* lachen können, ist einer der höchsten Genüsse der Liebe und Quelle tagtäglichen Glücks.

Im Humor feiert sich die Liebe selbst.
Herzlichkeit ohne Humor ist unmöglich.

Wie wir zu Beginn sagten, ist Herzlichkeit die Pflege der Liebe. Wenn ein Mensch die Herzlichkeit seinen Lieben gegenüber einbüßt, dann mangelt es ihm an Warmherzigkeit für sich selbst. Härte und Kälte sich selbst gegenüber bringen immer gleiche Entbehrungen für die Mitmenschen hervor. Im Übrigen ist es weise, sich selbst dieselbe Achtung und den gleichen Respekt entgegenzubringen, die man anderen zollt. Was Du nicht hast, kannst Du auch nicht verschenken.

Heitere, gelassene Herzlichkeit zwischen zwei Menschen ist schlussendlich eine Frage sowohl der Vertrautheit als auch des Vertrauens. Vertrauen ist das Unterpfand der Liebe, Vertrautheit ist ihr Lohn. So kann eine lebendige, rührige Liebe niemals ohne Herzlichkeit gedeihen. Sie ist der selbstverständliche, vorherrschende Grundtenor zwischen zwei Liebenden und Garant beständigen Glücks. Herzlichkeit und Höflichkeit öffnen Türen, Tore und vor allem Herzen.

Die Präsenz eines herzlichen Menschens ist immer ein starker Magnet und wirkt wie Balsam für die Seele. Es ist unmöglich, einen höflichen und herzlichen Menschen zu fürchten. Wie wir in unseren vorherigen Botschaften wiederholt betont haben, kann man einen Menschen unmöglich gleichzeitig lieben und fürchten.

Herzliche Menschen fördern das Grundvertrauen in die menschliche Natur und damit letztlich auch das Vertrauen in sich selbst. Sie verbreiten Zuversicht, die immer neue, frische Energien freisetzt, und sind daher eine echte Wohltat für ihre gesamte Umgebung.

»Der Verstand kann uns sagen,
was wir unterlassen sollen.
Aber das Herz kann uns sagen,
was wir tun müssen.«
Joseph Joubert

Freundschaft

Meine liebe Freundin, mein lieber Freund, Freundschaft ist eine Lebenserfahrung ganz besonderer Art. Wenn wir an Freundschaft denken, kommen uns Begriffe wie ›Beständigkeit‹ und ›Treue‹ in den Sinn. In keinem anderen Lebens- und Liebesbereich sucht der Mensch sich selbst so sehr wie in der Freundschaft und in keinem anderen Bereich hofft und erwartet er, sich selbst so sehr wiederzufinden wie in seinen freundschaftlichen Bindungen.

Nach der Eltern-Kind-Beziehung ist die Freundschaft in der Regel die früheste Erfahrung des noch jungen Menschen mit der Liebe. Dies macht sie prägend für sein ganzes weiteres Leben. Mehr noch als in der Partnerschaft erwarten wir Einigkeit im Geiste mit unseren Freunden, besonders in den gleichgeschlechtlichen Freundschaften. In jedem Liebesausdruck sucht der Mensch immer auch sich selbst, doch nirgendwo sonst erwartet er so viel Verständnis wie in seinen freundschaftlichen Beziehungen.

Die Freundschaft als solche ist getragen von ihren Gemeinschaftlichkeiten. Die vereinenden Wesensaspekte sind der Freundschaft Nahrung und tragen sie über trennende Unterschiede hinweg. In den menschlichen Freundschaften zeigen sich die wohltuenden Bande liebenden So-sein-Lassens häufig am deutlichsten. Wenn die freundschaftliche Liebe auch nicht allen und denselben Prämissen partnerschaftlicher Liebe folgt, so ist sie doch ebenso von einer ganz besonderen Komplexität. Eure freundschaftlichen

Bindungen sind wie Orte der Erholung und des Ausruhens, denn hier gehen verstehendes Engagement und Loslassen Hand in Hand.

Oftmals sind Eure freundschaftlichen Beziehungen befriedigender als Eure partnerschaftlichen, denn es mag mitunter leichter fallen, an den Freund keine eigennützigen, übertriebenen oder unrealistischen Erwartungen oder gar Forderungen zu stellen als an den Partner. Hier könnt Ihr von Euren Freundschaften viel für Eure Partnerbeziehungen lernen. Wo bedingungslose Akzeptanz des Partners in seiner ganzen Individualität den Ton angibt, da ist der Liebespartner auch immer der beste und intimste Freund.

Liebe ohne Freundschaft ist Liebe ›auf Distanz‹ und somit gar keine, denn Liebe definiert sich durch Nähe und Einheit. Die Freundschaft ist sozusagen die Gastfreundschaft der Liebe, das herzliche, innige Willkommenheißen des anderen, denn dem Freunde öffnet der Mensch sein Herz und seinen Geist.

Wahre Freundschaft kennzeichnet sich dadurch, dass die individuelle Persönlichkeitsentwicklung des anderen ohne Wenn und Aber begrüßt, begleitet, ja sogar angeregt wird. Der wahre Freund ›erkennt‹ den Freund in jeder Lebenslage. Übrigens sei an dieser Stelle gesagt, dass wohl jeder Mensch sich einen guten und treuen Freund wünscht und sucht, sich jedoch kaum jemand fragt, ob er denn auch einer sei. *(Anm. der Verfasserin: Scherzhaft gesagt.)* Wer einen Mangel an stabilen Freundschaften in seinem Leben zu beklagen hat, sollte sich die Frage stellen, ob er denn überhaupt zur Freundschaft bereit ist, denn Freundschaft erfordert Hingabe und kennzeichnet sich durch emotionalen Aufwand.

Einen treuen Freund zu haben, ist ein Segen,
ein treuer Freund zu sein, ist Gnade.

Bevor Du nach Freundschaft in Deiner Außenwelt Ausschau hältst, solltest Du in Deinem Inneren nach ihr suchen. Freundschaft bringt Sicherheit, vor allem aber Geborgenheit und Wärme ins Leben. Wie ist es um Deine Freundschaft mit Dir selbst bestellt? Bist Du Dir selbst ein wahrer, verlässlicher und ehrlicher Freund? Die tiefste, innigste und wichtigste Freundschaft, die der Mensch haben kann, ist eine lebenslange Freundschaft mit sich selbst.

Erachtest Du Dich selbst Deiner eigenen Freundschaft wert? Und tust Du es nicht, wie kannst Du sie von anderen erwarten?

In dem Maße, in dem Du Dir selbst in Freundschaft treu ergeben bist, kannst Du es auch anderen sein. Die Freundschaft mit Dir selbst zieht die bewusste Erfahrung der Freundschaft mit Gott nach sich. Wer sich selbst ›für gut befunden‹ hat, fürchtet auch nicht länger seinen Schöpfer. Du kannst immer nur von Dir selbst auf Deinen Gott schließen, so wie Du ebenso nur von Deinem Gott auf Dich selbst schließen kannst. Wer mit Gott Freundschaft schließt – und einen besseren Freund kannst Du nicht haben –, der impliziert bald die ganze Schöpfung. So und nur so, schließt Du schließlich Freundschaft mit Deinem Leben und allem, was darin geschieht.

Freundschaft mit Deinem Leben und seinem Verlauf erschafft ein unerschütterliches Urvertrauen und lässt Dich zu einer tiefen Gelassenheit heranreifen. Hier herrscht der alles heilende Seelenfrieden, nach dem Du Dich aus tiefstem Herzen sehnst. Dein eigener Seelenfrieden ist das größte Geschenk, das Du dieser Welt und Dir selbst machen kannst. Was Segen für Dich ist, ist Segen für alle.

»Ein Freund ist ein Mensch,
vor dem man laut denken kann.«
Ralph Waldo Emerson

Loyalität

Mein lieber Freund, meine liebe Freundin, das Wörterbuch umschreibt den Begriff der Loyalität mit Worten wie Treue oder Rechtschaffenheit. Am besten trifft wohl der Begriff der Brüderlichkeit zu, denn Loyalität im zwischenmenschlichen Bereich kennzeichnet sich in weiten Teilen durch Ebenbürtigkeit.

Wenn sich bei dem Begriff Loyalität auch erst einmal der Gedanke an Beziehungen wie das Chef-Angestellten-Verhältnis aufdrängt, so steht wahre Loyalität doch auch hier ganz unter dem Stern der Ebenbürtigkeit. Loyalität ist nur innerhalb eines ausgewogenen Kräfteverhältnisses möglich, denn wo sie nicht von Herzen kommt, handelt es sich um Unterwürfigkeit. Die aber hat nichts zu tun mit ehrlich empfundener Loyalität.

Ein loyales Wesen setzt ein hohes Maß an menschlicher Reife voraus, denn es fußt auf tiefer Treue gegenüber den eigenen Werten, die sich nicht mit hohlen Lippenbekenntnissen zufriedengibt. Auf die Frage an unser Medium, was sie denn unter Loyalität verstehe, antwortete sie – ich zitiere wörtlich: »Loyalität ist, wenn ein Mensch mir niemals in den Rücken fällt, wenn er auch in schlechten Tagen nicht die Dinge gegen mich benutzt, die ich ihm in guten anvertraut habe. Das ist Loyalität!« Nun, was wäre dem noch hinzuzufügen?

Wie wir sehen, ist Loyalität sozusagen ›Treue, die über die Treue hinausgeht‹. Hier zeigt sich, warum Loyalität durchaus mit unpopulär gewordenen Worten wie Anstand oder Redlichkeit umschrieben werden kann. Wirkliche Loyalität, die auf Herzens- und Charakterbildung basiert, ist dem Wert als solchem verhaftet und fühlt sich ihm verpflichtet. Mit anderen Worten: Ein loyaler Mensch ist grundsätzlich loyal und nicht nur einem einzigen auserwählten Menschen gegenüber. Wenn sich Loyalität auf eine einzige Person beschränkt, hat sie meist weitaus mehr mit Manipulation zu tun als mit Herzensgröße und Charakterstärke.

Ein loyaler Mensch steht ohne Wenn und Aber zu seinem Wort und dreht sein Fähnchen niemals nach dem Winde. Loyalität ist ein Anker in stürmischer See. Wo sie fehlt, da verliert sich die Liebe in der Grauzone von Unsicherheit und Verwirrung und schließlich in der Enttäuschung. Ein wahrhaft loyaler Mensch genießt das ihm entgegengebrachte Vertrauen ganz und gar zu Recht. Loyalität kann nur dort keimen und wachsen, wo der Mensch liebt und die Menschlichkeit des anderen wie auch die eigene vorbehaltlos akzeptiert. Ein ehemaliger Freund mag dir ein Fremder werden, doch wird er niemals ein Feind: Das ist Loyalität!

Es versteht sich von selbst, dass Loyalität bei der Treue sich selbst gegenüber anfängt und hier geübt wird. Loyalität ist weder zeit- noch situationsgebunden, dieser Umstand macht sie erst aus und zu dem, was sie ist. Wer in schlechten Zeiten nicht loyal ist, der ist es nie gewesen. Nur durch das uneingeschränkte ›Ja‹ zu Dir selbst kannst Du zum ›Ja‹ für den anderen finden.

Loyale Menschen erspüren sich gegenseitig und haben feine Antennen für die Ehre des anderen. Loyalität, die echter Liebe entspringt, weiß weise zu reden und noch weiser zu schweigen. Und genau hier, in ihrem Schweigen, liegt bisweilen eine gewisse Tragik: Der Mensch übersieht mitunter wahre Loyalität, weil er das Schweigen überhört.

»Man erwirbt keine Freunde,
man erkennt sie.«
Wilhelm Busch

Toleranz

Meine liebe Freundin, mein lieber Freund, unter Toleranz wird landläufig Duldsamkeit verstanden. Der Begriff der Duldsamkeit hat allerdings einen gewissen subtilen und bitteren Beigeschmack von Resignation. Wenn jedoch die Akzeptanz des anderen in seinem Sosein als Zwang empfunden wird, hat sie nichts mit Liebe zu tun.

Liebe definiert sich durch die freudige Annahme des anderen und die hingebungsvolle Zuwendung hin zu seiner Andersartigkeit. Liebe kennt keine Resignation, sie ist beständige Freude am anderen und was ihr fremd ist, erkundet und erforscht sie mit gespannter Neugier und Hingabe. Und hier, in der neugierigen Hingabe, ist der Gradmesser wahrer Toleranz zu finden: Toleranz will kennenlernen und verstehen. Wo der Blick scheinbar tolerant rasch abgewandt wird, da ist Ignoranz, also Gleichgültigkeit, Unverständnis oder sogar Angst vor der Andersartigkeit. Wo Ignoranz sich immer abwendet, da geht die Toleranz offenen Blickes auf den anderen zu.

Wie wir bereits oft gesehen haben, fürchtet der Mensch die Dinge nur, solange er sie nicht kennt. Du kannst nur da und dort Furcht empfinden, wo Du die Dinge nicht verstehst. Was verstanden, also integriert ist, kann unmöglich weiterhin Angst auslösen. Ihr solltet Euch einmal grundsätzlich die Frage stellen, warum die Andersartigkeit eines Mitmenschen furchterregend und bedrohlich auf Euch wirkt. Nur wenn man die Dinge zu Ende denkt, geht man ihnen auf den Grund und dringt bis zum Ursprung des Problems vor. Der Andersdenkende wird von Euch nicht mehr verstanden. Dem Gleichgesinnten gegenüber braucht es keine Toleranz, denn in ihm findet Ihr Euch selbst wieder. Wo Ihr Euch aber selbst wiederfindet, fühlt Ihr Sicherheit und Bestätigung in Eurem eigenen Sosein. Wie bei einer Art Rückversicherung empfindet Ihr einen Gleichdenkenden als eine Art Bejahung des eigenen Lebens.

Gedanken sind Bewusstseinsinhalte und gleichgeartete Energien ziehen sich immer an, denn sie potenzieren sich gegenseitig. Aus diesem Grunde fühlt Ihr Euch umso sicherer und wohler, je mehr Menschen Eure Meinungen, Werte und Ansichten teilen. Was der Mensch gerne vergisst, ist das duale Wesen aller Dinge und Erscheinungen. Die Dinge definieren sich selbst eben auch durch das, was sie nicht sind. Wie wir gesehen haben, fürchtet Ihr den anderen dann, wenn Ihr ihn nicht mehr versteht. Das ist Intoleranz: Sie definiert sich nicht etwa durch das Unverständnis des anderen, sondern vielmehr durch die Furcht vor dem Unverstandenen.

Intoleranz ist nur dann möglich, wenn der Mensch sich seiner selbst nicht sicher ist, denn die Andersartigkeit des anderen kann Dir weder irgendetwas gegen Deinen Willen aufdrängen noch Dich Deiner selbst berauben. Es versteht sich von selbst, dass Du immer nur Bestätigung in dem Maße brauchst, in dem Du Dir Deiner selbst nicht sicher bist. Je tiefer Deine innere Gewissheit, umso größer Deine Unabhängigkeit. Schlussendlich geht es beim Thema der Toleranz auch um die Frage, wie gut Du Dich mit Dir selbst fühlst. Fühlst Du Dich wohl in Deiner Haut und bist Du einverstanden mit Dir selbst? Je mehr dies der Fall ist, desto vorbehaltloser Deine Toleranz anderen gegenüber. Am Gleichgesinnten misst und definierst Du Dich selbst, am Andersdenkenden grenzt Du Dich ab. In dieser weisen und offenen Gesinnung kannst Du beiden gleichermaßen danken, denn hier ist jede Wertung überwunden.

Wo das Verständnis aufhört, fängt die Toleranz an, denn ansonsten braucht es keine. Wirkliche, echte Toleranz ist ein Attribut der Liebe, denn sie bekundet die Bereitschaft wie auch die Fähigkeit, mit Ungewissheit zu leben. Wo Liebe ist, ist immer auch Respekt und diese Liebe ist kraftvoll genug, mit offenen Fragen und Ungereimtheiten leben zu können.

Liebe ist in dem Maße leicht, in dem sie groß ist.

Toleranz ist kein Risiko, keine Rechnung mit Unbekannten, Toleranz ist Bereicherung. Wo Toleranz als Risikofaktor gilt, da sind die Mechanismen nicht verstanden, die den Dingen und Ereignissen zugrunde liegen und Form geben.

Angst bringt das hervor, was sie fürchtet, so wie Liebe immer und ausnahmslos Liebe hervorbringt. Ein intoleranter Mensch fürchtet immer auch die eigenen unbekannten und befremdlichen Bewusstseinsinhalte. Je offener der Mensch seiner Außenwelt gegenübertritt, desto freier und ungehemmter kann er sich seiner eigenen Entwicklungspotenziale bedienen.

Tolerante Menschen begrüßen das Neue in ihrem eigenen Leben und genießen den Wandel, anstatt sich ängstlich vor dem Unbekannten zu verbergen. Die Ablehnung alles Fremden findet immer auch im Inneren statt und trennt den Menschen von seiner eigenen Vielschichtigkeit. Wer sich nur auf vertrautem Boden bewegt, der wird nie neue Welten entdecken und kennenlernen. Toleranz macht aus der Welt einen bunten Selbstbedienungsladen, der ständig neue Waren führt und dem Leben Spannung und Farbe verleiht.

Das liebevolle Zugeständnis freier Selbstdefinierung garantiert den Frieden mit sich selbst ebenso sehr wie das harmonische Miteinander zwischen den Völkern. Angst vor dem Unbekannten gründet immer aus Vorurteil. Wie aber kannst Du beurteilen, was Du nicht kennst?

Wie immer liegt auch hier die Lösung in der Selbstwahrnehmung. Wer sich selbst als lebendigen, geliebten und heiligen Ausdruck des Göttlichen sieht, wird auch alles und jedes in seiner Außenwelt erst einmal unter diesem Aspekt beleuchten. Hier weicht das Vorurteil der Neugier, der Offenheit und dem grundsätzlichen Respekt vor jeder göttlichen Ausdrucksform. So ist die Toleranz schlussendlich Demut vor der Vielfalt göttlicher Formen und Erscheinungen und eine Hommage an die grenzenlose Weisheit Gottes.

»Man verdirbt einen Jüngling am sichersten,
wenn man ihn verleitet, den Gleichdenkenden
höher zu achten als den Andersdenkenden.«
Friedrich Nietzsche

Verantwortung

Mein lieber Freund, meine liebe Freundin, wenn der Mensch mit dem Wort ›Verantwortung‹ konfrontiert wird, empfindet er in der Regel erst einmal ein unangenehmes unterschwelliges Druckgefühl. Dem ist so, weil Ihr Verantwortung häufig mit Last assoziiert, vor allem aber mit Überforderung.

In unseren beiden ersten Botschaften haben wir schon viel zum Thema Verantwortung gesagt. Wie wir gesehen haben, fürchtet Ihr sie so sehr, weil Ihr Verantwortung gleichsetzt mit Scheitern und daraus resultierend mit Schuld und Bestrafung. Doch wie wir erkannt haben, ist da niemand, der Dich bestrafen will oder es auch nur könnte. Das Göttliche ist nicht teilbar, Gott ist ganz in jedem seiner Teile und Gott kann sich selbst keine Autorität überordnen. Wer also sollte Dich bestrafen?

Von dieser ewigen Wahrheit ausgehend, können wir die Verantwortung mit ganz anderen Augen und aus einem völlig neuen Blickwinkel betrachten. Wie wir eingangs sagten, empfindet Ihr Verantwortung oft als Last und Überforderung. Dem ist so, weil Ihr Erwartungen und Forderungen an die Verantwortung selbst und damit an Eure eigene Verantwortlichkeit stellt, die völlig verdreht, ja mitunter regelrecht absurd sind und die Ihr nicht erfüllen könnt. Wenn Forderung zu Überforderung wird, ist sie falsch verstanden worden. Das deutsche Wort ›Verantwortung‹ ist ein wunderbares Beispiel für die Weisheit der Sprache, denn es impliziert das Wort ›Antwort‹, ohne jedoch ausdrücklich zu definieren, worauf denn da geantwortet werden soll.

Verantwortung ist nur dann, was der Name sagt,
wenn sie die eigene Liebe beantwortet.

Alles andere mag man definieren wie man will, als Last, Pflicht, Opfer, aber sicherlich nicht als Verantwortung. Richtig verstandene und gelebte Verantwortung ist die Antwort der Liebe auf die jeweils gegebene Situation.

Wenn Du Dich ungeliebten Dingen gegenüber verpflichtet fühlst, entstehen immer Belastung, Druck und Frustration, denn in diesem Fall übernimmst Du nicht die Verantwortung für Dich selbst und Dein Glück. Verantwortung ist nur dann eine Last, wenn man sie nicht will. Liebe jedoch will Verantwortung tragen, denn sie ist die zwingende Antwort auf die Frage nach dem Wohlergehen.

Liebe verlangt nach dem lebendigen Ausdruck und in der Verantwortlichkeit findet sie ihren angemessenen Aktionsradius und ihre natürliche Handlungsplattform. Verantwortung ist niemals Last, im Gegenteil: In der Verantwortlichkeit liegt die Macht, den Dingen Richtung und Form zu geben und somit Einfluss nehmend auf das Wohlergehen des Geliebten zu wirken.

Die Verantwortung ist die große Schwester der Fürsorge, die, wie wir gesehen haben, tiefstes Grundbedürfnis der Liebe ist. Die Liebe verleiht dem Handlungsspielraum immer und unfehlbar den richtigen Rahmen und somit auch seine Begrenzungen. In der Übernahme der Verantwortung ›tobt‹ sich die Liebe sozusagen erst so richtig aus, denn nirgendwo ist der Mensch so sehr gefordert.

Verantwortung kann immer nur im Jetzt stattfinden und doch ist sie der direkt in die Zukunft weisende Aspekt der Liebe. Jede Tat trägt ihre natürlichen Folgen in sich selbst und Verantwortung sät immer nur Liebe, weil sie nur Liebe ernten will. Du kannst immer nur heute für das Morgen sorgen. Verantwortung muss nicht ›getragen‹ werden, Verantwortung ist ›Liebesspiel‹: Sie genießt die Macht der eigenen Liebe wie auch die Freude am Glück des anderen.

Verantwortung ist ›Leben in Reinkultur‹ und definiert den erwachsenen, mündigen und reifen Menschen. Der Mensch ist nur dort glücklich, wo er lieben kann, und wo er liebt, da will er handelnd einwirken können. Es gibt keine Pflichten außer denjenigen, die Du Dir selbst auferlegst und aus tiefstem Herzen freudig als solche empfindest. Die Liebe kennt keine Pflichten, sie kennt nur Geschenke. Liebe opfert sich niemals auf, sie bittet um Annahme um ihrer eigenen Bereicherung willen.

Wer Verantwortung für sich selbst übernimmt, bejaht sie für all das, was er liebt. Nur so findet Liebe lebendigen Ausdruck. Eigenverantwortlichkeit beendet oder begrenzt nicht etwa die Verantwortung für den anderen, sie ergänzt sie. Die Übernahme der Verantwortung für alles Geliebte vollendet die Eigenverantwortlichkeit.

Wer die Last der ganzen Welt auf seine Schultern lädt, der wird sehr bald gar keine mehr tragen können: Alle Verantwortung ist keine Verantwortung und somit Flucht vor Dir selbst. Je mehr Du Dich selbst liebst und pflegst, denn das obliegt Deiner Verantwortung, desto segensreicher bist Du für all jene, die Deinen Lebensweg kreuzen.

Anspruch

Meine liebe Freundin, mein lieber Freund, wenn Menschen über Anspruch reden, mag ihnen vielerlei durch den Kopf gehen. Jeder von Euch stellt gewisse mehr oder weniger klar definierte Ansprüche an sein Leben. Vor allem aber stellt Ihr Ansprüche, ausgesprochene wie stillschweigende, an Eure Beziehungen und Partnerschaften. Und last but not least wären da die allseits gefürchteten und nur allzu bekannten Ansprüche, die Ihr Euch selbst auferlegt und von denen Ihr glaubt, dass die Welt und Eure Mitmenschen sie an Euch stellen. Hier sind mit ein und demselben Begriff viele völlig verschiedene Dinge gemeint.

Der Anspruch, den der Mensch an sein Leben stellt, ist eine äußerst persönliche Angelegenheit. Was Ihr Euch erträumt, erhofft und ersehnt, entspringt der ureigenen Vorstellung von Glück. Frage den Menschen, wonach er wirklich strebt, und Du wirst erkennen, woran er wirklich glaubt. Grundsätzlich und auf tiefster Seelenebene zielt jeder Mensch auf Liebe und Werterfüllung, denn nur beides, in vollkommenem Gleichklang miteinander, bedeutet Selbstwerterfüllung.

Viele Eurer partnerschaftlichen Beziehungen sind zum Scheitern verurteilt, weil Ihr das vom Partner erwartet und einfordert, was Ihr nicht in und von Euch selbst zu beanspruchen wagt. Anspruch setzt Bedürfnis voraus, ohne Wenn und Aber, denn was Du brauchst, ist das, was Du bist. Mit anderen Worten: Jeder wirkliche Anspruch ist sowohl angemessen als auch berechtigt, ansonsten würde sich die Frage danach erst gar nicht stellen. Ihr beansprucht nicht rein zufällig dieses oder jenes, sondern vielmehr, weil die Dinge Ausdehnungen Eurer selbst sind, über die Ihr Euch definiert und selbst erkennt.

Die Ansprüche charakterisieren die individuelle Persönlichkeit des Menschen und machen ihn ›durchsichtig‹. Der Mensch, der mit Respekt und Achtung auf sich selbst blickt, bleibt seinen Ansprüchen so treu wie sich selbst und seiner besonderen Eigenart. In Zeiten wirtschaftlicher Bedrängnis wird Anspruchslosigkeit und Verzicht aus Gründen der Manipulation verstärkt zum moralischen Wert erhoben. Nun sprechen wir nicht einmal ausdrücklich von irdisch-materiellen Forderungen und Ansprüchen, aber wir schließen diese auch nicht explizit aus. Die ›Dinge des Lebens‹, materiell wie geistig, bedingen sich gegenseitig und greifen in einem wunderbaren Gleichgewicht ineinander. Der Mensch definiert sich nicht so sehr nach seinem Anspruch als vielmehr nach dem Warum des Anspruchs.

Immer und ausnahmslos liegt die tiefe Bedeutung der Dinge in ihrer Motivation. Der Kern einer Sache liegt immer in ihrer Absicht.

Anspruchslosigkeit und Verzicht sind keine Werte aus sich selbst heraus. Worauf sollte dieser Wert basieren? Wohlergehen und Fülle sind natürliche, göttliche Seinsattribute.

Wer den Mangel lebt, lehrt den Mangel. Wer die Fülle lebt, wie auch immer sie sich Ausdruck verschaffen mag, lehrt die Bedingungslosigkeit der Liebe Gottes. Wer unerfüllte Ansprüche an seinen Liebespartner stellt, sollte sich die Frage erlauben, warum er sie sich nicht selbst erfüllt. Was Du nicht zu verdienen glaubst, kannst Du unmöglich vom anderen erwarten. Wenn Du es aber verdienst, warum bleibst Du es Dir dann selbst schuldig? ›Was Du willst, dass man Dir tu, das füg Dir erst mal selber zu!‹ *(Anm. der Verfasserin: Scherzhaft gesagt.)*

Nun sind wir denn beim Dreh- und Angelpunkt jeden Anspruchs, bei der Liebe. Da und dort, wo Du liebst, erfüllst Du den höchsten Anspruch, den es jemals geben kann. Wo Du nicht liebst, Dich selbst wie auch den anderen, da gibst Du Dich mit sehr viel weniger zufrieden, als das Leben Dir zu bieten hat. Lieben macht unfehlbar glücklich, also Mensch, was willst Du weniger?

Liebe ist höchst anspruchsvoll, sie ›beansprucht‹ sich selbst vollkommen, denn sie gibt sich immer ganz und gar hinweg. Liebe gibt sich nie mit weniger als mit allem zufrieden. Liebe stellt keine Ansprüche, das braucht sie nicht, denn Liebe erfüllt sie. Darin liegt ihr Anspruch, denn wo Liebe sich verschenken kann, da ist sie Erfüllung und Glückseligkeit. Liebe fordert das höchste Glück, indem sie es verschenkt. In diesem Sinne ist Liebe höchstgradig anspruchsvoll und ganz und gar nicht bescheiden. Liebe ist niemals partiell und somit ist es der Anspruch, den sie an sich selbst stellt, ebenfalls nie.

Für das Liebste will die Liebe alles. Wenn Liebe sich verschenkt, dann fragt sie nicht nach dem Lohn, denn Lieben ist Entlohnung. Es mag wie eine abgedroschene Floskel klingen, wenn wir sagen, dass nur Liebe reich macht. Nur ein Mensch, der wirklich liebt, weiß, wie sehr dies zutrifft. Wir haben, was wir sind, nicht mehr, nicht weniger.

Wirklicher Besitz kann Dir niemals verloren gehen oder genommen werden, alles andere kommt und geht. Was aber kommen und gehen kann, das ist ersetzbar und somit wertlos.

Nur die Liebe ist es, die die Dinge und auch die Menschen für Dich einzigartig und unersetzlich macht. Lieben ist Erschauen. Liebe lässt uns die Liebe in anderen und in Alles-was-Ist erkennen und so ist es die Liebe selbst, die unersetzlich ist, denn sie ist der ›Stoff‹, aus dem alles gemacht ist, was je erschaffen wurde. Wohl dem, der höchste Ansprüche an sein Leben stellt und die Liebe in allem und jedem zu entdecken sucht. Je mehr Du sie in Dir selbst erkennst und ihr Freiraum schaffst, desto mehr wirst Du sie überall sehen: in Deinem Partner, in Deinen Kindern, in Deiner Arbeit und in der Natur. Wer die Liebe in sich selbst sucht und erlaubt, der findet sie in allem Wahren, Schönen und Guten. Sei weise und werde anspruchsvoll!

»Der Mann, der recht zu wirken denkt,
muss auf das beste Werkzeug halten.«
Johann Wolfgang von Goethe

Zielstrebigkeit

Mein lieber Freund, meine liebe Freundin, Zielstrebigkeit zeichnet sich in erster Linie dadurch aus, dass sie beharrlich ist. Liebe bleibt sich ewig gleich und ewig treu. Darauf gründet ihre Beharrlichkeit. Ein liebender Mensch ist ein unbedingt verlässlicher Mensch.

Wie wir gesehen haben, ist Liebe die unwiderstehliche Bestrebung, die das Glück und nichts als das Glück des anderen will. Das ist der Liebe Ziel in jedem Augenblick. Liebe duldet keinen Aufschub, was sie will, das will sie jetzt, denn nur im Jetzt können Liebe und Glück erfahren werden. Du kannst genauso wenig im Voraus lieben, wie Du nachträglich lieben kannst. Das Ziel der Liebe ist das Glück des Augenblicks, denn es gibt kein anderes.

Weil Liebe nur im Jetzt real und wirklich sein kann, sind ihre Ziele keine fernen. Die Ziele der Liebe sind nicht fern, sondern beständig. Das Ziel der Liebe, das eigene wie des Nächsten Glück, ist das erhabenste, grandioseste und anspruchsvollste Ziel überhaupt. Nicht etwa, weil es in unerreichbarer Ferne zu finden oder schwierig zu verwirklichen wäre, sondern eben weil es das Ziel jedes Augenblicks, das Ziel im Hier und Jetzt ist.

Das Ziel der Liebe ist ein permanentes. Wir alle wollen sozusagen chronisch und stationär lieben und nicht etwa akut und ambulant. *(Anm. der Verfasserin: Scherzhaft gesagt.)* Wenn Liebe irgendwelche fernen Ziele anstrebt beziehungsweise darauf wartet und von ihnen abhängig gemacht wird, dann ist sie keine Liebe und wird es auch nie werden.

Liebe ist niemals von äußeren Rahmenbedingungen abhängig. Liebe erschafft sie!

Wenn Liebe denn ein entferntes Ziel hat, dann ist es dies, sich selbst zu mehren, auszuweiten und den Selbstausdruck zu vertiefen. Aber selbst dieses Ziel ist im Grunde und in Wahrheit ein jetziges und ein permanentes. Liebe kennt keine Zeit und will niemals Beschränkung. Sie lässt sich grundsätzlich nur auf sich selbst festlegen. Die besondere und außergewöhnliche Zielstrebigkeit der Liebe liegt in ihrer Ausschließlichkeit.

Wie wir bereits sagten, will Liebe immer alles geben. Was sie anstrebt, sind vollkommenes Wohlergehen, Wachstum und Glück. Die Liebe konzentriert sich selbst ganz und gar, all ihre Energie gilt ihrem Ziel. Liebe kann und will nichts als lieben, denn sie ist pure, reine Lebensenergie und braucht nichts anderes. So wirkt sie wie eine mächtige Energiebündelung, wie ein riesiges Brennglas und fokussiert sich selbst auf ihr Ziel.

In Augenblicken tiefster zweisamer Nähe könnt Ihr es fühlen: Die Liebe implodiert regelrecht in sich selbst hinein, bis in tiefste Seelenschichten, und explodiert doch auch gleichzeitig nach außen, zum geliebten Menschen hin. Solche bewussten Augenblicke sind so machtvoll, so potent in ihrer Schöpferkraft, dass Ihr in diesen Zeiten neue Universen erschafft. Alles, was ist, wurde aus der reinen Liebe heraus erschaffen. Ihr seid gleichermaßen Schöpfer und Geschöpfe.

Das beständige Streben der Liebe ist das beständige Ziel der Liebe – und umgekehrt. Nur hier, in der Liebe, sind Weg und Ziel eins, denn der Weg ist das Ziel und das Ziel ist der Weg.

Liebe ist hochgradig zielstrebig und unerschöpflich in ihrer Beharrlichkeit. Weil Liebe sich ständig aus sich selbst heraus erneuert und ihre Kraft aus dem eigenen Sein bezieht, kann es niemals mit ihr zu Ende gehen. Im Gegenteil, da wo Liebe ist, vergrößert sie sich immer und ausnahmslos. Je mehr Du von ihr verschenkst, umso mehr hast Du. Die kreativen Ausdehnungspotenziale der Liebe sind unendlich und grenzenlos und somit ist und bleibt sie schließlich das ewige Geheimnis Gottes.

Liebe duldet keine Ausnahmen, sie erhebt in jedem Augenblick vollkommenen Absolutheitsanspruch. Wenn Ihr lieblos seid, verletzt Ihr immer erst einmal Euch selbst. Wer war je glücklich dort, wo er nicht liebte?

Liebe zielt immer gleichermaßen auf Selbst- wie auf Nächstenliebe, denn sie bedingen sich gegenseitig. Die eine gebiert die jeweils andere. Ohne Selbstliebe wird die ›Nächstenliebe‹ zum beschwerlichen Opfergang und damit zum zerstörerischen Martyrium und ohne Nächstenliebe wird die ›Selbstliebe‹ zum hemmungslosen Opportunismus. Beide haben nicht mehr das Geringste mit Liebe zu tun. Alle Liebe ist eine Liebe und so ist sie in jedem Fall echt und ehrlich oder gar nicht. Liebe führt immer zum Ziel, denn wo immer sie ist, da ist sie am Ziel: Liebe ist das Ziel!

Tapferkeit

Meine liebe Freundin, mein lieber Freund, wir haben in Band III *Des Menschen Weg und Gottes Licht* viel zum Thema Mut gesagt. Wenn wir in direktem Zusammenhang mit der Liebe von Mut sprechen, dann kommen wir nicht umhin, Dich an die Steigerung Deiner Selbstliebe zu erinnern. Die Höhle des Löwen fürchtet nur, wer kein Löwe ist. Der Liebe misstraut nur, wem es an Selbstliebe fehlt. Mut zur Liebe geht Hand in Hand mit Vertrauen, sowohl in die Liebe als solche als auch zu sich selbst.

Wenn menschliche Liebesbeziehungen scheitern, dann werden die Gründe dafür überall und nirgendwo gesucht, nur eben selten im eigenen Selbst. Viele unter Euch wenden sich, meist in der Lebensmitte, enttäuscht, frustriert oder sogar verbittert ab. Ihr fühlt Euch mürbe und irgendwie ausgezehrt: Gekommen war viel, gegangen ist wenig und geblieben ist nichts.

In Band I *Des Menschen Wunsch und Gottes Wille* sind wir den zugrunde liegenden Mechanismen nachgegangen. Zu seinem großen Glück holt der Mensch sich doch immer wieder selbst ein. Niemand kann sich selbst entfliehen und so wählt der Mensch den Partner, den er will und braucht um sich seinem Selbst zu stellen. Wem es an Selbstliebe mangelt, der darf sich nicht wundern, dass er Mut braucht, um auf die Liebe eines anderen zu vertrauen. Wie könnte er, wo er diese Liebe nicht nachvollziehen kann? Ohne Selbstliebe ist jede Liebesbeziehung wie eine bedrohliche Wanderung auf schmalem Grat. Der Mensch ist hin- und hergerissen zwischen ständigem Hoffen, dass die Liebe bleiben möge, und Bangen, dass er sie verlieren könnte. Wo die Liebe Ruhepol sein und Geborgenheit schenken soll, da wird sie zur stetigen Quelle der Angst, der Aufreibung und der Zerknirschung. Wie immer steht und fällt auch hier alles mit der Selbstwahrnehmung.

Es braucht in der Tat ein gerüttelt Maß an Mut, sich unter den oben genannten Bedingungen auf die Liebe einzulassen, und es ehrt den Menschen sehr, dass er ihn immer wieder aufbringt. Die Anziehungskraft der Liebe ist und bleibt immer unwiderstehlich und das ist gut so, denn nur durch die Liebe kann schließlich Heilung gefunden werden. Die Heilungspotenziale der Liebe sind unersetzlich, weil sie die einzig wirklichen sind. Für Liebe gibt es keine Alternative. Liebst Du Dich selbst? Magst Du Dich zumindest gut leiden? Kannst Du es mit Dir aushalten? Bist Du Dir selbst zuverlässige Vertrauensperson? Bist Du Dir selbst ein ›feiner Kumpel‹, mit dem Du Pferde stehlen kannst? Bist Du von Dir selbst begeistert?

Vielen von Euch mangelt es nicht nur an Selbstliebe, Ihr mögt Euch noch nicht einmal gut leiden. Doch wie kann ein anderer lieben, was keine Liebe will? So viele auch lauthals nach Liebe rufen mögen, so wenige sind es, die es ertragen können, geliebt zu werden.

Dich selbst zu lieben ist das Beste,
das Du tun kannst,
Dich lieben zu lassen, das Zweitbeste.

Wenn Ihr es wagt, gegen den allgemeinen Strom der Selbsterniedrigung anzuschwimmen, und Euch selbst liebend in die Arme schließt, steht auch der glücklichen Liebesbeziehung mit einem Partner nichts mehr im Wege. Nur wer glaubt, nicht liebenswert zu sein, fürchtet den Verlust.

Wo Ihr Euch selbst ablehnt, könnt Ihr nicht umhin, auch die Ablehnung der anderen zu fürchten, zu erwarten und sie letztlich sogar, wenn auch unbewusst, zu provozieren. Je beständiger, ehrlicher und treuer Ihr Euch selbst in all Euren Facetten und Persönlichkeitsanteilen liebt, desto tiefer vertraut Ihr dem Leben, der Liebe und Euren Beziehungen. Die Erfahrungen, die Ihr mit der Liebe macht, sind unbedingt prägend und die grundsätzlichsten, konstantesten und wichtigsten macht Ihr mit der Liebe zu Euch selbst. Wo Liebe ist, da braucht es keinen Mut.

Auf dieser Gesprächsebene ist Mut immer an Angst gekoppelt, denn wozu würde es ihn brauchen, wenn es keine Angst zu überwinden gäbe? Mut ist nicht dort, wo Liebe ist, dort ist er nicht vonnöten. Mut ist da zu finden, wo Angst ist.

Wir sprachen bisher von Mut zur Liebe. Wenn wir nun über den Mut der Liebe reden, bewegen wir uns auf eine ganz andere Ebene. Liebe braucht keinen Mut, Liebe ist mutig. Liebe ist mutig, weil sie keine Gefahr kennt, keine mögliche Bedrohung, kein Aus und kein Ende. Liebe ist ewig unbedrohlich, was Bedrohung kennt, kann keine Liebe sein. Liebe ist einziges, allumfassendes göttliches Gesetz und verstößt ohne Wenn und Aber gegen jede irdische Regel, die der Liebe zuwiderläuft. In diesem Sinne ist Liebe die pure Anarchie. *(Anm. der Verfasserin: Scherzhaft gesagt und amüsiert über mein Entzücken. Regulus wörtlich: »Ich wusste, dass dir das gefällt!«)* Nun, auf die Gefahr hin, dass ich mein Medium enttäusche, so sehr die Liebe auch Anarchie ist, so wenig ist sie es auch, aus dem Blickwinkel der ewigen Wirklichkeit betrachtet.

Liebe ist in vollkommener Harmonie und vollkommenem Einklang mit allem Wahren, Guten und Schönen, denn sie ist die göttliche Uressenz alles Wirklichen. Liebe ist Mut, denn wo Menschen über sich selbst hinauswachsen, da geschieht es immer und ausnahmslos aus Liebe. Sie ermöglicht das scheinbar Unmögliche. Jeder wirklichen Höchstleistung liegt Liebe zugrunde. Liebe setzt mentale, emotionale und physische Potenziale frei, die alles menschlich Denkbare übersteigen.

In der Liebe ist der Mensch ganz und gar eins mit seinem Schöpfer. Die Liebe ist nicht von dieser Welt, doch sie schuf, erhält und erhöht sie in jedem Augenblick. Die Welt braucht keinen Mut, um sich zu drehen. Liebe Dich selbst und Du brauchst keinen Mut, um sie zu erfahren. Mut braucht es schlussendlich, um die Welt hinzunehmen, wie sie ist.

Wenn Du Dich selbst liebst, dann wird aus dem, was mit Mut begann, im Laufe der Zeit einfach eine Frage der Entscheidung. Fällt Dein Urteil über Dich selbst zu Deinen Gunsten aus und Du liebst Dich, dann nimmst Du nicht länger die Bedingungen hin, die die Welt Dir bietet. Bist Du beständig und treu in Deiner Selbstliebe, dann bist Du es, der diese Welt prägt und ihr Deinen ureigenen Stempel aufdrückt. Selbstliebe macht alles leichter und so wirst Du keinen Mut mehr zum Leben brauchen. Sowie Du die Entscheidung triffst, Dich selbst zu lieben, wirst Du erkennen, dass es Mut brauchte, es nicht zu tun.

Fleiß

Mein lieber Freund, meine liebe Freundin, was hat Fleiß mit Liebe zu tun? Liebe ist vollkommen unermüdlich und unerschöpflich in ihrem Bestreben, sich auszudrücken. Mit anderen Worten: Liebe besteht darauf, sich zu verschenken. Ihrem ureigenen Wesen nach ist Liebe Hingabe und ohne Hingabe kann Liebe niemals wirklich sein. Was sich nicht verschenken will, kann keine Liebe sein.

Liebe drängt sich demjenigen auf, dem sie entspringt. In diesem Sinne eifert sie unablässig nach Hingabe und tätiger Fürsorge. Liebe drängt sich dem anderen niemals auf, denn Drängen ist Nehmen und nicht Geben.

Wirkliche Liebe ist immer dringend,
viel zu dringend, um drängend zu sein.

Was wahrhaft dringend ist, das kann niemals drängen. Drängen ist nicht Liebe, sondern vor sich her gescheuchter Egoismus. Liebe drängt nie, sie lässt los und bietet sich an. Wenn Ihr Euch bedrängt fühlt, dann fühlt Ihr Euch zu Recht unwohl und ungeliebt. Liebe respektiert den Augenblick und die Gelegenheiten, die er ihr bietet. Liebe befielt nicht, Liebe kontrolliert nicht, Liebe manipuliert nicht, Liebe löst niemals Bedrängnis aus, Liebe heilt sie! Freiheit ist die Atemluft der Liebe. Nur aus der Freiheit heraus kann sie entstehen und nur in ihr kann sie gedeihen und wachsen. Mit anderen Worten: In der Liebe ist jede Art von Zwang vollkommen unmöglich. Wo immer Liebe ist, da löst sie ganz aus sich selbst heraus Fleiß, Begeisterung und Leidenschaft aus.

Wenn Ihr aus der Liebe heraus handelt, dann seid Ihr beschwingt und wie von Engelsflügeln getragen. Liebe kennt keinen Müßiggang, sie ist immer aktiv, weil sie in jedem Augenblick wirksam ist. Damit wir uns recht verstehen: In den Ruhezeiten ist Liebe ebenso schöpferisch weil wirklich, wie in den Zeiten rühriger Handelns. In Verbindung mit Liebe wird Fleiß zu einer wunderbaren, grundlegenden Lebenshaltung, die nicht das Geringste mit zermürbender Pflichterfüllung zu tun hat. Liebe ist die vollkommene und mächtigste Trägerenergie für jede Art von Aktivität, die es jemals geben kann.

Liebe verleiht nicht nur Flügel, sie lehrt das Fliegen. Strebsamkeit, Fleiß und Tüchtigkeit sind in Euren Kulturkreisen zu moralischen Werten erster Klasse erhoben und Arbeit wurde längst zum Selbstzweck ernannt. Es ist mitunter absurd, wie viel Mühe der Mensch auf die Sinnentleerung seines Lebens verwendet. *(Anm. der Verfasserin: Scherzhaft gesagt.)* In Band II *Um Gottes willen und um deinetwegen* sind wir gründlich auf diese Thematik eingegangen. Nur Liebe ist Selbstzweck und kann es je sein. Fleiß kann nur da und dort angebracht und angemessen sein, wo er aus der Liebe herrührt. Welch andere Rechtfertigung für Fleiß und Strebsamkeit könnte es jemals geben?

Die Liebe zur Arbeit ist der einzige je gültige Grund für sie. Liebe kennt keinen Müßiggang, sie ist Energie in ständiger Bewegung und rühriger Tätigkeit. Bei vollem Bewusstsein ihrer Gegenwart erlebt, macht sie jeden Augenblick zu etwas ganz Besonderem. Im Bewusstsein der Liebe wird jeder Augenblick zu einer Sternstunde des Seins. Wenn Ihr den Fleiß, Euch selbst zu lieben, aufbietet, den es braucht, um Zustände zu ertragen, die Euch nicht glücklich machen und unbefriedigt lassen, dann macht Ihr einen riesigen Fortschritt. Wo auch immer etwas Euch Überwindung kostet und Mühe abverlangt, da seht Ihr entweder die Dinge falsch oder Euch selbst. Ihr tut wesentlich besser daran, Euch zu lieben, als Euch zu überwinden.

Dort, wo Selbstverleugnung und damit Selbstvergewaltigung am Werk sind, da ist die Liebe wirklich dringend. So fleißig Ihr Euch bemüht, andere zu lieben, so sehr vernachlässigt Ihr Euch selbst. Doch wenn Liebe mühevoll ist, dann ist sie nicht echt und nicht wirklich. Selbstliebe setzt jeder mühevollen Plage ein Ende, denn sie ist völlige und bedingungslose Akzeptanz des eigenen Soseins. Mit der Nächstenliebe ist es nicht anders. Liebe befleißigt sich zu lieben und sonst nichts. Wirklicher Fleiß ist vollkommen mühelos, denn dann ist es Liebe!

»Absicht ist die Seele der Tat.«
Deutsches Sprichwort

Bescheidenheit

Meine liebe Freundin, mein lieber Freund, Liebe ist unendliche Erfüllung und Glückseligkeit. Nichts ist so bescheiden wie sie, denn sie genügt sich selbst vollkommen. Sie ist sich selbst sowohl Ursache als auch Wirkung und sie will nichts, als sich selbst vermehrt hervorbringen. Was, wenn nicht Liebe, kann jemals diesen ›Anspruch an Bescheidenheit‹ erfüllen und sich selbst genügen?

Liebe ist Vollkommenheit und was vollkommen ist, dem kann niemals irgendetwas hinzugefügt werden. Jeder Mensch weiß und wird bestätigen, dass nur Liebe Glück und Erfüllung bringen und bedeuten kann. Dennoch strebt Ihr im Trubel Eures alltäglichen Lebens nach so vielen anderen Dingen. Letztlich ist jedoch jedes Streben ein Streben nach Liebe, denn Ihr erhofft und erwartet, die Liebe in oder durch diese Dinge zu finden.

Ihr verwechselt allzu leicht die Dinge, die Ihr liebt, mit denen, die Ihr haben wollt. Doch die Unterscheidung ist ganz einfach: Was Ihr liebt, macht Euch glücklich.

Was Du liebst, ist, was Du hast, denn niemals kannst Du etwas mehr besitzen, als wenn du es einfach ›nur‹ liebst. Liebe verlangt nichts und deshalb kann sie alles haben. Weil sie bedingungslos ist, gibt es in der Liebe keine Bedingungen, die unerfüllt bleiben. Liebe fordert nichts, sie geht also von größtmöglicher Bescheidenheit aus. Liebe ist Bescheidenheit und aus dieser Selbstgenügsamkeit heraus erfüllt sie den denkbar höchsten Anspruch. Liebe, und ausschließlich Liebe, macht unfehlbar glücklich.

Ähnlich dem Fleiß, sind Bescheidenheit und Genügsamkeit in allen irdischen Belangen seit jeher um ›des Himmelreichs wegen‹ zum erstrebenswerten, moralischen Wert erhoben worden. Wer des irdischen Lohnes bereits habhaft wurde, der habe ihn im Himmel verwirkt. Nun, da stellt sich doch erst einmal die grundsätzliche Frage, welches konkrete Interesse unser aller Schöpfer daran haben sollte, seine Kinder in Beschränkung, Verzicht und Mangel darben zu lassen. Warum Verzicht und Lohn wofür?

Wie wir ausführlich in Band II *Um Gottes willen und um deinetwegen* erörtert haben, ist das Leben mit all seinen Segnungen und Gaben nicht etwas, das man sich erarbeiten oder gar verdienen muss. Auch muss man sich des Reichtums und der Fülle nicht ›würdig‹ erweisen: Gott weiß um die Vollkommenheit seiner Schöpfung und damit all seiner Geschöpfe. Wir müssen uns nicht vor Gott des Wohlstands und der Fülle würdig erweisen. So absurd denkt nur der Mensch. Im Gegenteil, in seiner grenzenlosen Liebe will Gott dem Menschen seine Würde bezeugen durch all das, was Euch die Welt an Annehmlichkeiten und Genuss zu bieten hat.

Vollkommen bedingungslos gibt Gott alle Dinge. Sie sind gegeben, Euch zu lehren, Euch ihrer zu bedienen und Euch dadurch in Eurer wahren Identität als heiliger Aspekt von Alles-was-Ist zu erkennen und auszudrücken. Erschaffen ohne erhalten und nähren zu wollen, ist ein abstruser und unsinniger Gedanke, doch Gott ist weder absurd noch verrückt oder gar bösartig. Er erfindet nicht immer schnellere Autos, um im Gegenzug die Geschwindigkeitsbeschränkung immer drastischer zu verschärfen. *(Anm. der Verfasserin: Scherzhaft gesagt.)*

Des Weiteren stellt sich die Frage nach einer Begrenzung der Fülle Gottes. Alles-was-Ist reduziert und portioniert seine Gaben nicht, denn in Gott gibt es weder Begrenzung noch Einschränkung. Es gibt keine ›göttlichen Reserven‹, die irgendwann aufgebraucht sind, wenn man nicht sparsam mit ihnen haushält. Liebe wächst umso mehr, je verschwenderischer man mit ihr umgeht. Alles Glück der Erde liegt bereit und bietet sich jederzeit demjenigen an, der es sich zugestehen will.

Wer Gottes Wesen in sich selbst erkennt, der stellt seinen eigenen Wert nicht infrage und beurteilt sich ganz gewiss nicht nach irgendeinem absurden irdischen Leistungsprinzip. Wer sich selbst erkannt hat, der nimmt die Gaben Gottes bereitwillig, freudig und dankbar an. In vollkommener Demut vor der Göttlichkeit des eigenen Seins nimmt der reife, weise Mensch all die Gaben und Geschenke auf, die Gott ihm auf seinen Lebensweg legt. Das ist wirkliche Bescheidenheit, sie nimmt die gottgegebene Fülle dankbar an und beweist wahre Weisheit, indem sie sie bewusst und nicht ohne Stolz genießt. Die irdischen Dinge sind nicht gegeben, ihnen zu entsagen, sie sind gegeben, sie zu nutzen und zu genießen. Worin sollte der Sinn der Entsagung liegen?

Gott irrt sich nicht in seiner Schöpfung und Er spielt ganz sicher kein sadistisches Spiel mit seinen Kindern. Gott schuf keine süßen Früchte, damit Ihr sie nicht essen sollt.

Wahre Bescheidenheit gibt Gott recht. Was Er schuf, ist wohl erschaffen, und so bist auch Du es und Deine Freude an den Dingen der Welt. Bescheidenheit lehrt Gottes Prinzip der Fülle, weil sie es lebt. Sie vermittelt Urvertrauen darin, dass immer etwas da ist, und damit in die Liebe Gottes, die immer all das bereitstellt, was nötig ist und gebraucht wird. Sicherlich wirst Du Dir jetzt die Frage stellen, was denn nun zum Glück führt, das Haben-Wollen oder die Entsagung?

Weder das eine noch das andere: Das Lieben und nur das Lieben führt zum Glück. Die Dinge spielen aus sich selbst heraus keine Rolle, sie haben keinerlei Bedeutung außer der, die Du ihnen verleihst. Somit haben sie auch nur so viel Macht über Dich und Dein Glück, wie Du ihnen zugestehst. Mit anderen Worten: Du kannst Dein Glück suchen, wie und wo immer Du es zu finden glaubst. Worin auch immer es für Dich liegen mag, Du hast in jedem Falle wohl gewählt, denn der Mensch definiert sich maßgeblich durch das, was er wertschätzt, liebt und zu seinem Selbstausdruck nutzt. Die Dinge, die Dir Freude bereitet, erfüllen immer und unfehlbar ihren Zweck, denn darin liegt ihre einzige und ganze Daseinsberechtigung.

›Macht Euch die Erde untertan!‹, bedeutet, entsagt ihr nicht, sondern liebt und genießt sie. Die schönen Dinge, die sich Euch anbieten, sind keine Prüfsteine, an denen Gott Eure Standfestigkeit in Sachen Entsagung prüft, sie sind Geschenkangebote, durch deren Annahme oder Ablehnung Ihr Eure ganz persönliche Identität definieren könnt. Entsage all dem, was Du nicht liebst, und lass es andere lieben. Nur aus diesem Blickwinkel ist Verzicht ein sinnvolles und menschenwürdiges Konzept. Was Du aber nicht liebst, das kannst Du auch nicht wirklich wollen und deshalb ist weise

Entsagung niemals schmerzlich. Gott schuf das irdische Leben nicht, damit Du es erleidest, sondern damit Du es feierst.

»Ein großer Mensch benutzt Tongeschirr so,
als wäre es Silber. Nicht weniger groß ist,
wer Silber so benutzt, als sei es Tongeschirr.«
Lucius Annaeus Seneca

Tatendrang

Mein lieber Freund, meine liebe Freundin, Liebe ist hochgradig schöpferisch, sie ist die ureigene Schöpferkraft schlechthin. Liebe erschafft in jedem denkbaren Augenblick. Anders ausgedrückt: Liebe, die ›nichts‹ tut, ist immer noch sehr viel schöpferischer, als jede Handlung, die nicht der Liebe entspringt, je sein kann.

Als wir über den Fleiß sprachen, sagten wir, Liebe kenne keinen Müßiggang. Ihre schaffende, gestaltbildende Kraft ist unablässig am Werk. Wenn wir über den Tatendrang der Liebe reden, dann ist ihr Bestreben gemeint, sich bewusst zu bekunden und zu offenbaren. Liebe will gesehen, erkannt und bewusst in Anspruch genommen werden. Liebe will genossen werden, weil sie Glückseligkeit verschenken will, Liebe genießt es, genossen zu werden.

Nichts ist jemals so voller Anmut und Grazie wie ein Mensch, der sich zu seiner Liebe bekennt und sich dem anderen liebend offenbart.

Es gibt kein größeres Glück als Liebe, die mit einem ›Ja‹ beantwortet wird. Nichts und niemand kann wahrer Liebe widerstehen und so neigt sich ihr die ganze Schöpfung entgegen. Jeder Ausdruck von Liebe ist einer aufgehenden Sonne gleich, die die dunkle Nacht zum lichtdurchfluteten Tage macht. Liebe ist hellstes, gleißendes Licht und damit

Nahrung für das Gemüt, Inspiration für den Intellekt und Lebenselixier für jede einzelne Körperzelle. So sehr Liebe auch selbstgenügsam ist, so sehr fühlt sie sich auch ständiger Herausforderung verschrieben und verpflichtet. In ihrem permanenten Streben nach Erfüllung ist sie unermüdlich auf der Suche nach Vervollkommnung der äußeren wie auch der inneren Situation für den anderen. Kein Weg ist ihr zu weit, kein Ziel zu hochgesteckt und kein Glück unerreichbar.

Liebe kennt weder Zeit noch Raum, denn sie überwindet jede Entfernung. Selbst über den physischen Tod hinaus ist sie Einheit, Nähe und Glücksrausch, denn wo Liebe ist, da bleibt Trennung ewig unmöglich. Für die Liebe gibt es keine Entfernung und keine Grenzen und selbst der ›Weg‹ vom Diesseits zum Jenseits ist für die Liebe nur ein Wimpernschlag. Seiende Liebe ist tätige Liebe und tätige Liebe ist seiende Liebe. Sie ist immer erfolgreich, denn sie verfehlt niemals ihr Ziel und ihre Ziele sind so heilig wie sie selbst.

Liebe ist Gottes Natur und somit auch die Deine. Sie ist vollkommen freies, grenzenloses Bewusstsein ihrer selbst und keine ›Möchtegern-Macht‹ in der Schöpfung kann ihr je Einhalt gebieten. Liebe ist so alt wie die Schöpfung selbst und doch ewig jung und täglich neu. Liebe ist sowohl ewig gleich als auch in ständigem Wandel. Sie definiert sich selbst niemals anders, doch sie definiert sich ständig größer, weiter, mehr.

In Band III *Des Menschen Weg und Gottes Licht* haben wir viel über die Erweiterung der Liebeswahrnehmung gesprochen. Damit wird das Gesamtbild der Liebe ein völlig neuartiges. Je bewusster die Liebe wahrgenommen wird, desto umfangreicher ihre Möglichkeiten und umso größer ihr Handlungsspielraum. Der Tatendrang der Liebe hat immer den Aktionsradius im Außen, den der Mensch ihr in seinem Inneren zugestehen will.

Wahre Liebe beweist sich durch die vollkommene Hingabe an sie selbst. Ihr Tatendrang ist allumfassend und auf jeder Seinsebene gleichzeitig aktiv. Sie äußert sich gleichermaßen im Fühlen, Denken, Reden und in den Taten. Liebe ist stärkste Aktivität, die alle Sinne gleichzeitig nutzt, denn ihr ist jedes Mittel des Ausdrucks recht. Wo andere noch nach Lösungen suchen, da bietet sich Liebe als Lösung an. Wo andere noch nach Weisheit suchen, da ist Liebe Weisheit und wo andere noch viele Worte um die Liebe machen, da hat die Liebe sie schon längst in die Tat umgesetzt.

»Es ist die Belohnung einer guten Tat,
dass man sie getan hat.«
Lucius Annaeus Seneca

Gelehrigkeit

Meine liebe Freundin, mein lieber Freund, was ist des Menschen Ansporn zum Lernen? Nun, der einzige Ansporn, der wirkliches Lernen möglich macht, ist die Liebe zur Sache selbst. Ihr könnt in Wirklichkeit nur das lernen, was Ihr lernen wollt, alles andere ist seelenloses Wissen, halbherzig angeeignet und nur von kurzer Dauer.

Wenn Ihr Euch einer Sache verschreibt, seid Ihr mit Leib und Seele dabei. Große Begeisterung, tiefe Leidenschaft und unermüdliches Engagement sind die besten und erfolgreichsten Lehrmeister. Wenn Ihr mit Liebe bei der Sache seid, tut Ihr es mit Haut und Haaren und vergesst darüber die Uhr. Zeiten intensiven Lernens sind Zeiten intensiven Lebens. In dem Maße, in dem Ihr grundsätzlich das Leben liebt, liebt Ihr auch das Lernen, denn Leben ist ständiger Wandel und ewiges Vorwärtsstreben.

Wer offen und einladend für Neues sein will, der muss offen für sich selbst sein. Lernen-Wollen ist ein in jedem Menschen zutiefst angelegter, drängender Impuls, denn das Leben selbst definiert sich als Selbsterweiterung und damit als Zugewinn an Wissen, Können, Wollen und Tun. Lernen ist nur ein anderes Wort für Entwicklung und damit für Bereicherung.

Diese Welt ist eine machtvolle und extrem intensive Entwicklungsplattform. Durch die Erschaffung irdisch-materieller Erfahrungsrealität formt Ihr Euch aus, spielt mit wahrscheinlichen und wirklichen Realitäten und erschafft schließlich immer neue Möglichkeiten und Wege. Leben ist Lernen und je mehr Ihr das Leben liebt, umso gelehriger und wissbegieriger seid Ihr.

Wie wir in Band I *Des Menschen Wunsch und Gottes Wille* ausführlich erörtert haben, ist das Leben keine Schule. Das Leben selbst, wie die Liebe Gottes, ist vollkommen bedingungslos und frei geschenkt. Es gibt nichts, das Ihr lernen müsst, um Euch das Leben, Gottes Wohlwollen oder gar den Himmel zu verdienen. Das kann nicht oft genug wiederholt werden, denn jeder gegenteilige Glaube bringt unvermeidlich Angst vor dem Schöpfer hervor. Wer jedoch seinen Schöpfer fürchtet, der fürchtet schließlich auch sich selbst und das Leben und ist schon in der ›Hölle‹.

Gott setzt dem Menschen keine Lernziele mit anschließender Prüfung, der Mensch setzt sie sich selbst. Bei diesem Lernen geht es nicht um Richtig oder Falsch, nicht um Bewährung, sondern einzig und allein um Erfahrung. Ihr lernt Euch selbst kennen und mehrt Euren Erfahrungsschatz, indem Ihr möglichst danach trachtet, leidvolle Erfahrungen zu vermeiden. Unablässig nach Glück strebend erkennt der Mensch schließlich mehr und mehr seine Liebesnatur, denn Gott machte alle Schöpfung nach seinem Bilde und ihm gleich. So gibt es denn im Leben nur eine Lektion zu lernen, die Lektion der Liebe.

Liebe erteilt keine Lektionen,
Liebe ist Lektion.

Der Prozess des Lernens ist also keine göttliche Bedingung, wie eine Art Eintrittskarte für die Welt. Lernen ist menschliche Natur und der ganzen Schöpfung inhärentes Lebensprinzip. Ohne Lernen und Entwicklung wäre alles Sein in völligem Stillstand und das ist vollkommen unmöglich, denn im ewigen Wandel liegen die sichere Beständigkeit und die göttliche Garantie für die Unendlichkeit allen Lebens.

Im Zusammenhang mit der Liebe gibt es noch eine zweite Ebene, von der ausgehend wir die Gelehrigkeit beleuchten wollen, die Gelehrigkeit der Liebe selbst. Wie wir zu betonen niemals müde werden, ist die Liebe ihrem Wesen nach vollkommen. Diese Vollkommenheit der Liebe beweist sich nicht zuletzt dadurch, dass sie dennoch – oder gar deswegen – jederzeit lernwillig ist. Liebe will sich selbst ausdrücken, ausdehnen und vor allem verstehen. Das ist ihr Ansporn für jedes Lernen!

Liebe sucht sich selbst zu ergründen und kennenzulernen in jedem Augenblick. Sie erforscht sich selbst, indem sie sich verströmt und ausbreitet, denn sie kann sich nur kennenlernen, indem sie sich ihrer selbst bewusst ist und sich ›beobachtet‹ bei ihrem Machen und Tun. Liebeserforschung ist Gewissenserforschung und, wie wir noch sehen werden, ist das Konzept des Gewissens nur auf dieser Gesprächsebene sinnvoll und lebensbejahend. In dem Maße, in dem Liebe sich ihrer selbst bewusst ist, kann sie sich selbst erschauen und anerkennen. Liebesschüler sind Liebesforscher und sie sind die eifrigsten Schüler, die es geben kann.

Du bist ein Liebesschüler, denn sonst würdest Du diese Zeilen kaum lesen. Du hast eine weise Wahl getroffen, denn letztlich gibt es nichts anderes, was Du erforschen könntest. Wonach der Mensch in seinem Leben auch immer zu suchen glaubt, im Grunde und in Wahrheit strebt er immer nur nach Liebe. Es gibt nichts anderes. Was der Mensch sucht, sind die Menschen und Dinge, in denen er dies erkennen kann.

»Wie an den Früchten den Baum,
so erkennt man eine Lehre an der Wirkung.«
Johann Gottfried von Herder

Kommunikation

Mein lieber Freund, meine liebe Freundin, Liebe sucht nicht nur die Kommunikation, obwohl sie das unablässig tut. Liebe ist Kommunikation. Alle Liebe ist aus Gott und miteinander verbunden. Mehr noch: Liebe ist diese Verbindung des All-Einen mit seiner ganzen Schöpfung.

Liebe ist der ›Klebstoff‹ des Universums. So wie es nur einen Schöpfer gibt, so gibt es nur eine allumfassende Schöpfung. Gott schuf das Eine aus dem Einen und Er blieb ewig eins mit seiner Schöpfung. Die Dinge sind und bleiben ewig so, wie sie geschaffen wurden. Liebe sucht den ständigen Austausch mit dem Geliebten, hier ist ewige Kommunikation.

Wie wir wissen, will Liebe immer das Optimum für das, was geliebt wird. So findet die Kommunikation auf allen möglichen Ebenen statt, im Wort wie in der Tat. Kommunikation, Gespräch, verbaler wie nonverbaler Ausdruck sind das A und O in jeder Art von Liebesbeziehung. Im Gespräch findet Ihr zueinander und könnt Euch unendlich nahekommen. Im gegenseitigen Mitteilen und Verstehen wird die Brücke vom Ich zum Du geschlagen und so verschmelzt Ihr miteinander in Liebe und Harmonie.

Liebe sucht beständige Kommunikation, in welcher Form auch immer, weil sie beständige Nähe will. Gelebte Liebe ist gelebte Nähe. In der Liebe erspürt Ihr auch auf Erden die Wirklichkeit der Einheit mit allem, was Ihr liebt. Ihr könnt Eurem Liebespartner im Austausch sehr nahekommen und nirgendwo sieht man deutlicher, wie eng zwei Menschen miteinander verbunden sind, als in der Art und Weise, wie sie miteinander reden – und wie sie miteinander schweigen. Miteinander-schweigen-Können ist etwas anderes als Miteinander-schweigen-Müssen.

Wenn die Kommunikation nicht mehr fließt und anstelle des verbindlichen Gespräches nur noch eisiges Schweigen regiert, ist das suchende Wort zuvor oft auf taube Ohren gestoßen. Wo nicht hingehört wird, da wird auch nicht geliebt. Wo taube Ohren sind, ist auch ein verschlossenes Herz. Kommunikation ist unmöglich ohne beiderseitiges Engagement. Wo die Kommunikation nur noch stagniert, da herrscht nichts als Resignation oder sogar Gleichgültigkeit und nichts ist so kaltblütig und grausam wie sie.

Die Bedeutung der Kommunikation kann gar nicht deutlich genug hervorgehoben werden. Sie ist das Transportmittel der Liebe und entscheidend für Euer grundsätzliches Lebensgefühl. Ein gutes Gespräch kann ein absoluter Lebenshöhepunkt sein und verantwortlich für eine völlige Wendung aller Dinge im Leben. Wenn Ihr Euch miteinander auf einer Wellenlänge fühlt, dann ist die Macht des Wortes schier überwältigend und stellt alles andere in den Schatten.

Doch die Macht der Kommunikation ist nicht nur zwischen zwei Menschen von herausragender Bedeutung, sondern auch in Bezug auf Deine Beziehung zu Dir selbst. Sich selbst zu lieben bedeutet, mit sich selbst in Kontakt zustehen. Wer sich selbst liebt, der hört sich zu, nimmt sich ernst und ist in ständiger Zwiesprache mit dem eigenen Ich. Wie wohl Du Dich in Deiner Haut fühlst, hängt maßgeblich davon ab, wie Du mit Dir selbst kommunizierst und umgehst.

In der Zwiesprache mit dem eigenen Selbst liegt der ganze und gravierende Unterschied zwischen dem Alleinsein und der Einsamkeit.

Einsamkeit ist immer nur da und dort möglich, wo der Mensch sich selbst allein und im Stich lässt. Wenn Ihr Euch selbst nicht ernst oder wichtig nehmt, spaltet Ihr Euch ab von Eurem eigenen Wesen. Wer es an Kommunikation mit der eigenen inneren Welt mangeln lässt, der muss schmerzlichst feststellen, dass ›niemand da ist‹, wenn er alleine ist.

Einsamkeit macht Angst, Alleinsein nicht. Wo Einsamkeit Stress ist, da bringt Alleinsein Erholung. Wer seinem eigenen Herzen lauscht, seine Bedürfnisse ernst nimmt und sich selbst liebend umsorgt, der fühlt sich niemals einsam.

Ihr alle müsst Zeiten des Alleinseins durchleben und könnt sie durchaus genießen, wenn Ihr Euch selbst nicht im Stich lasst. Wenn Ihr Euch selbst für genauso wertvoll und wichtig erachtet wie jeden anderen, genießt Ihr Eure eigene Anwesenheit wie intime Stunden mit dem Geliebten. Selbstliebe ist intimste Zwiesprache mit dem eigenen Wesenskern. Wer diese Zeiten als Augenblicke und Lebensphasen der Besinnung auf sich selbst nutzt, geht gereift und gestärkt aus ihnen hervor und hat die Angst vor dem ›Dämon‹ Einsamkeit hinter sich gelassen. Alleinsein ist eine Sache zwischen Dir und Deiner Umwelt.

Einsamkeit jedoch ist eine Angelegenheit mit Dir selbst, die nur Dich etwas angeht und die Du mit Dir selbst ausmachen musst. Das Problem der Einsamkeit kannst Du nur mit Dir selbst lösen. Wer in seiner eigenen Gesellschaft einsam ist, der bleibt es ebenso in der Anwesenheit anderer.

Wenn wir von liebevoller Kommunikation sprechen, dann können und wollen wir selbstverständlich nicht die Kommunikation mit Gott außer Acht lassen. Wenn wir Gott als unseren liebenden Schöpfer, unseren fürsorglichen Vater, unseren treuesten Freund und unsere intimste Vertrauensperson anerkennen, dann ist die regelmäßige, ja permanente Zwiesprache mit ihm für uns selbstverständlich. Immer dann, wenn wir bewusst lieben, sind wir in direkter Verbindung und Kommunikation mit Gott.

Lieben ist Gebet, das keine Worte braucht.
Liebe ist verwirklichtes Gebet.

In der gelebten Kommunikation mit Gott zeigt und beweist sich, wie sehr wir uns ihm wirklich verschrieben haben. Wenn die Hingabe an Gott reines Lippenbekenntnis ist und bleibt, dann ist sie keinen Pfifferling wert, denn was nicht gelebt wird, das ist auch nicht in der Welt. Wenn Du liebst, dann bist Du ganz und gar aus Deinem Höheren Selbst heraus und eins mit Deinem himmlischen Vater. Wo Du auf Dein Höheres Selbst und damit auf die Macht und Weisheit der Liebe vertraust, da vertraust Du Gott. Gottvertrauen ist praktizierte Hingabe an Gott.

Es wurde und wird in der Welt viel über das Gebet, das Gespräch mit Gott gesagt. Auch wir werden an anderer Stelle darauf zurückkommen. Ihr habt der Zwiesprache mit Gott zum Teil unsinnige, ja absurde Regeln und Vorschriften auferlegt, die weder Eurer Wirklichkeit als Mensch entgegenkommen noch der Wirklichkeit Gottes. Gespräche mit Gott brauchen keine Regeln und Rituale. Sie brauchen nichts anderes, als eine intime Aussprache mit einem sehr guten Freund verlangt: Hinwendung, Offenheit und vor allem die Bereitschaft, die Antwort zu hören und das Vertrauen, sie anzunehmen. Gott ist ein Gott ›zum Anfassen‹. Gott sei Dank!

»Ich suchte Dich und
habe mich gefunden.«
Franz Grillparzer

Verehrung

Meine liebe Freundin, mein lieber Freund, Verehrung ist der vielleicht wunderbarste Aspekt der Liebe. Was Du nicht verehrst, kannst Du unmöglich lieben und was Du liebst, kannst Du unmöglich nicht verehren.

Verehrung ist die Hochachtung der Liebe vor dem Sosein dessen, was geliebt wird. Ihr könnt nicht wirklich überzeugend behaupten, Ihr liebet die Natur, wenn Ihr keinen offenen Blick und geschärften Sinn für ihre Schönheit, Wunder und Geheimnisse habt. Wie das Wort schon sagt, erweist Verehrung dem Geliebten die Ehre.

Verehrung ist die Wahrnehmung und Anerkennung der Ehrwürdigkeit des anderen. Was Du liebst, das erachtest Du der Ehrung und Achtung würdig. Lieben bedeutet die Wahrnehmung Gottes im anderen. Hochachtung ist hohe Achtung, Verehrung ist Ehrerbietung: Hier sieht die Liebe direkt in die Augen Gottes. Wo der Mensch dem Menschen mit Hochachtung und Ehrerbietung begegnet, da ist Gott in ihm erschaut. Wo all dies fehlt, da ist der Blick getrübt für die göttliche Gegenwart in allem, was ist.

Ohne Verehrung und Hochachtung ist Liebe unmöglich. Die Banalisierung des anderen ist im Grunde und in Wahrheit bereits Geringschätzung, denn jeder Blick auf jeden Menschen und auf jede Kreatur zeigt Euch ein einmaliges und heiliges Wunder der Schöpfung. So ist denn die Verehrung der Bewunderung gleichzusetzen. Bewunderung erkennt das Wunder im anderen und erfreut sich daran.

Bewunderung gibt Gott recht. Wenn Ihr Euch aus tiefstem Herzen liebt, schaut Ihr zueinander auf und seid dennoch in vollkommener Ebenbürtigkeit miteinander verbunden.

Wenn Verehrung und Bewunderung Hand in Hand gehen mit Ebenbürtigkeit, dann basieren sie auf echter Liebe, Vertrautheit und Achtung. Nur was Ihr wirklich kennt, könnt Ihr auch wirklich bewundern und verehren. Alles andere ist Götzendienst, denn es ist Verehrung von Illusion, im besten Fall Verehrung einer abstrakten Idee, die nichts zu tun hat mit der wirklichen, wahren und echten Liebe von Mensch zu Mensch.

Wenn der Mensch blind ist für Gott im Menschen
und damit auch für das Menschliche im Menschen,
dann schafft er sich Götzen im Menschen.

Bedingungslose Liebe jedoch macht aus Idolen Ideale. Wahre Verehrung schließt den ganzen Menschen ein in all seiner Komplexität und Vielschichtigkeit. Wenn Bewunderung ausschließlich ist, dann ist sie gar nicht. Menschliche Eigenschaften können nur im Kontext der Gesamtpersönlichkeit gesehen werden, ansonsten macht es keinen Sinn. Außerdem besteht der Mensch ganz oder gar nicht vor dem Auge des anderen. Es gibt kein ›Ein-bisschen-Lieben‹.

Verehrung und Hochachtung sind in dieser Welt sehr oft nicht mehr als oberflächliche populäre Floskeln und leere, medienwirksame Lippenbekenntnisse. Nur den bewunderst und verehrst Du wirklich, der Dir Vorbild ist. Ehrliche Bewunderung, die tief empfundener Liebe entspringt, hat Konsequenzen. Wenn Du einen geliebten Menschen bewunderst, eiferst Du ihm nach und siehst in ihm eine gültige und wertvolle Orientierungshilfe für Dich selbst und Dein Leben. Das Wunder der Liebe macht Ebenbürtigkeit ›auf Augenhöhe‹ bei gleichzeitigem bewunderndem Aufschauen zum anderen möglich.

Meine Lieben, Selbstliebe plädiert immer und ausnahmslos für die Verehrung der eigenen Person. Wo es an Achtung vor Dir selbst fehlt, da läufst Du Gefahr, Dir Götzen und Idole im Außen zu suchen, um das innere Vakuum auszufüllen. Wenn Du den eigenen, gottgegebenen Wert in Deinem Inneren nicht wahrhaben und annehmen willst, dann wirst Du notgedrungen Werte ins Außen verlagern, die erst dann wirklich im Außen in Erscheinung treten können, wenn sie im Inneren anerkannt sind.

Wahre Verehrung und Bewunderung setzt also ein gewisses Maß an Selbstwertgefühl voraus. Diese Akzeptanz des Selbstwertes ist gleichzeitig Garant für die Wahrnehmung der Ebenbürtigkeit allen Seins. Die Hochachtung vor Deiner eigenen Individualität ist schlussendlich Hochachtung vor Deinem Schöpfer und zustimmende Anerkennung seiner Schöpfung. Diese vorbehaltlose Bejahung des Selbst bewahrt vor Hochmut und Arroganz, die immer aus Mangel an Selbstwertgefühl und Angst vor Missachtung entstehen. Um wirklich und wahrhaftig zu einem Menschen aufschauen zu können, muss man den Menschen in ihm sehen und lieben.

4. Teil

Die Gaben der Liebe

Wonne

Mein lieber Freund, meine liebe Freundin, Liebe gibt immer nur Geschenke und ihre erste Gabe ist die Wonne. Ihr alle kennt diesen Zustand entrückter Glückseligkeit, wenn Ihr Euch verliebt. Ihr seid hingerissen, verzückt und wie verzaubert beim Anblick des geliebten Wesens. Ihr fühlt Euch der Zeit entronnen und habt nur noch Augen für die Anmut und Schönheit des geliebten Menschen. Ihr seid im wahrsten Sinne des Wortes von der Liebe berauscht und schwebt ›wie auf Wolken‹.

Das ist die Wonne der Liebe, wie nur Liebe sie bewirken kann. Für die Süße dieses Seinszustandes gibt es keine Worte, doch alle Poeten dieser Welt versuchten und versuchen sich daran, wie auch wir es tun. *(Anm. der Verfasserin: Scherzhaft gesagt.)* Wer immer versucht, den Zauber der Liebe wirklich und wahrhaftig zu beschreiben, der muss letztlich kläglich scheitern, denn der Zustand der Liebe ist und bleibt ewig jenseits jeder Beschreibung. Alle noch so schönen Worte bleiben schließlich weit hinter dem zurück, was erfahren und gefühlt wird, wenn der Mensch liebt.

Wie wir gesehen haben, ist Liebe die Wahrnehmung von Vollkommenheit. Lieben bedeutet, die Dinge so zu sehen, wie Gott sie ersonnen und geschaffen hat.

Lieben bedeutet, die Dinge mit
Gottes Augen sehen.

So zeigt der Blick der Liebe alle Dinge, Menschen und Kreaturen, wie sie wirklich sind. Wenn Du liebst, wird alles leicht wie eine samtweiche Feder. Alle Dinge werden ganz einfach so, wie Du sie noch nie gesehen hast. So ist die Liebe und so hat Gott die Welt und das Leben ›gemeint‹.

In dieser Welt gilt der ›akut verliebte‹ Mensch als verrückt, als habe er jeglichen vernünftigen und gesunden Boden der Realität unter den Füßen verloren. Wir aber sagen Euch: Nur in den Zeiten, in denen Ihr verliebt seid, seid Ihr es nicht! Im Gegenteil, Ihr seid nie so ›normal‹ und auf dem Boden der Tatsachen, wie wenn Ihr vor Liebe auf Wolke sieben schwebt. Dies – und kein anderes – ist das natürliche, gottgegebene Lebensgefühl.

In dem was Ihr liebt, seht Ihr die natürliche Schönheit, sowohl die innere als auch die äußere. Ihr seht die Anmut, die diesem Wesen eigen ist, und seid voller Bewunderung und Verzückung. Die unvorstellbare Macht, mit der das geliebte Wesen Euch in seinen Bann zieht, ist jenseits aller Worte. In diesen Zeiten ›hoch konzentrierter‹ Liebe seid Ihr in gewisser Weise wie in einer Art Trancezustand. All Eure emotionale, gedankliche und physische Energie ist auf das Ziel Eurer Liebe fokussiert. Ihr lebt nur noch aus der Liebe heraus und für die Liebe. Jeder jemals Verliebte weiß, dass er in diesen Zeiten kaum Nahrung oder Schlaf braucht.

Die Welt ist blind genug zu sagen, dieser Zustand sei nicht nur verrückt und wirklichkeitsfern, sondern auch ungesund. Doch nie ist der Mensch so sehr zu Höchstleistungen fähig, wie im Rausch der Liebe. In jeder Hinsicht erfährt der liebende Mensch sich selbst vollkommen neu und völlig anders, er ›kennt sich selbst nicht mehr wieder‹. Ihr fühlt Euch durch die Liebe nicht nur wie neugeboren, Ihr seid es!

Jede neue Entdeckung des eigenen Liebespotenzials kommt einer Neugeburt des eigenen Selbst gleich und verändert den Menschen auf ewig.

In der Liebe sorgt das Leben für sich selbst. Wenn Ihr Euch verliebt, rückt Ihr Gott einen erheblichen Schritt näher. In der Liebe macht sich der Mensch zum Verbündeten Gottes wider den Wahnsinn der Welt. Liebe ist nie endender Genuss am reinen Sein des anderen. Mehr braucht es nicht. Sie ist pure Freude an seiner Existenz und dauerhafte Anbetung seiner Schönheit und Anmut in jedem Augenblick.

Liebe legt Zeugnis ab von der Vollkommenheit des anderen und damit Zeugnis von Gott. Die Wonne der Liebe lässt Dich erahnen, wie sehr Du von Deinem Schöpfer geliebt bist, denn alle Liebe entstammt der göttlichen Quelle, wird von hier aus verströmt und ergießt sich urgewaltig über die ganze Schöpfung. In Deiner tiefsten Liebe zu Deinesgleichen kannst Du einen Hauch, einen flüchtigen Schimmer der unermesslichen Liebe Gottes erhaschen, denn sie ist nicht von dieser Welt …

»Ein Schauspiel für die Götter
zwei Liebende zu sehn!
Das schönste Frühlingswetter ist
nicht so warm, so schön.«
Johann Wolfgang von Goethe

Vielfalt

Meine liebe Freundin, mein lieber Freund, die Ausdrucksformen und Facetten der Liebe sind so vielfältig wie die Liebe selbst. In ihrer Weisheit äußert sie sich immer angemessen und der Lage entsprechend. Sie zeigt Mitgefühl, spendet Trost und bringt Hoffnung, vor allem aber schenkt sie Glück. Liebe erspürt immer, was der Augenblick verlangt, denn sie ist tiefstes Einfühlungsvermögen.

Liebe ist hochgradig aufmerksam und intuitiv. Liebe ist deshalb vielfältig, weil sie sich immer anders gibt und ausdrückt und sich doch immer gleich anfühlt. Liebe fördert und fordert den ganzen Facettenreichtum menschlicher Emotionen. Sie fördert den inneren Reichtum sowohl dessen, der liebt, als auch dessen, der geliebt wird. Wenn ein Mensch geliebt wird, treten ungeahnte innere Eigenschaften und Wesensaspekte hervor. Liebe ›knackt‹ schlussendlich jedes innere Schloss von Verbitterung, Furcht, Misstrauen und Verzweiflung, weil sie nichts fordert, sondern nur mit tiefer Sanftmut anbietet.

Liebe spricht die Milde des Gemütes an, denn sie ist und bleibt der ›wundeste‹ Punkt jedes Menschen. Dieser wunde Punkt ist des Menschen schönste Seite und größte Stärke, denn in seiner Liebessehnsucht, im Geben wie im Nehmen, ist er Gott am nächsten und am ähnlichsten. Die Vielfalt der Ausdrucksformen zieht sich wie ein roter Faden durch die Höhen und Tiefen des menschlichen Lebens und dennoch bleibt Liebe immer unverfälscht und ganz und gar sie selbst. Wenn wir einmal ganz pragmatisch von der Vielfalt der Liebe sprechen, dann könnten wir sagen, wo Liebe ist, herrscht niemals Langeweile. Magst Du es turbulent in Deinem Leben, dann musst Du lieben. *(Anm. der Verfasserin: Scherzhaft gesagt.)* Die Liebe wird Dich noch am Ende eines langen Lebens – und darüber hinaus – überraschen!

Liebe ist immer ›up to date‹, sie passt sich jeder Situation an und bleibt doch gleichermaßen ganz und gar was sie ist. Liebe holt immer das Beste aus dem Menschen heraus, aus dem, der liebt, und aus dem, der geliebt wird, denn Liebe ist das Beste. Das größte, wichtigste und folgenreichste Geschenk, das dem Geliebtwerden innewohnt, liegt in der Tatsache, dass ein Mensch, der geliebt wird, vielleicht nach langer Zeit der Entbehrung, wieder Zugang zu sich selbst findet. Wenn Ihr geliebt werdet, spürt Ihr Euch selbst in all Eurer unbeschwerten Lebendigkeit. Liebe wirkt wie ein frischer, lauer Wind, der durch das Herz weht und alle Kümmernis mit sich fortnimmt. Sie macht leichtlebiger, im wahrsten Sinne des Wortes.

Geliebtwerden führt den Menschen zur Selbstliebe, denn was kann ein anderer Dir Schöneres und Größeres vorleben als Liebe zu Dir? Darin liegt der vielleicht größte Segen des Geliebtwerdens, denn wo Liebe Selbstliebe hervorbringt, wird aus Selbstliebe wieder Liebe. Liebe ist der ewige Kreis der Gnade, nie endend und nie an Faszination verlierend. Sie beseelt, berauscht und betört, Liebe ist nie ›Fehlinvestition‹, denn das Glück, das sie verschenkt, bleibt doch ganz und gar das ihre. Die Gefühlspalette, die der Liebe zugrunde liegt, ist schier unerschöpflich. Wie wir in Band I *Des Menschen Wunsch und Gottes Wille* gesehen haben, ist jedes angenehme und beglückende Gefühl, dessen der Mensch fähig ist, ausnahmslos auf Liebe zurückzuführen. Die Bandbreite menschlicher Emotionen ist so unendlich wie das Leben selbst und die Liebe weiß sie hervorzurufen und zu nutzen. Je offener Du grundsätzlich für die Liebe bist – für Deine Liebe in Dir –, desto umfangreicher und vielfältiger können sich Deine persönlichen Erfahrungen mit der Liebe entwickeln und gestalten. Umso größer Deine Liebesbereitschaft, desto mehr Liebe kann zu Dir finden und sich in Deinem Leben Raum verschaffen. Liebe ist nicht nur ein Gefühl und erst recht keine vorübergehende Phase ›geistiger Umnachtung‹. *(Anm. der Verfasserin: Scherzhaft gesagt.)*

> *Liebe ist sehr viel mehr als ein Gefühl, Liebe ist ein Seinszustand, ein Lebensgefühl und im Grunde und in Wahrheit das einzig wirkliche.*

Wenn Du Liebe zur Grundeinstellung in Deinem Leben machst, dann gereicht alles und jedes Dir zur Bereicherung und zum Segen. Wo Liebe Grundeinstellung zum Leben und zur Schöpfung ist, da verfügst Du über feste, kraftvolle Erdung und bleibst doch gleichermaßen im Himmel. So wie Liebe das Bindeglied von Mensch zu Mensch oder vom Menschen zur Natur ist, so ist sie in gleicher Weise Bindeglied zwischen den Welten. Liebe ist grenzenlos, im wahrsten Sinne des Wortes.

Wie wir gesehen haben, ist Liebe neugierig. Doch sie ist es nicht nur, sie macht auch neugierig. Die unbegrenzte Ausdrucksvielfalt der Liebe kommt dem neugierigen Menschen sehr entgegen. Wenn sich Dir ein Geheimnis der Liebe offenbart, wirft es zehn neue Fragen und Rätsel auf. Menschen, die eine grundsätzlich positive und offene Lebenseinstellung haben, sind immer auch neugierige Menschen.

Der liebende Mensch wird nimmer müde, das Herz und den Geist dessen, den er liebt, zu erforschen und tiefer kennenzulernen. Doch wo Liebe am Werk ist, hört es damit nicht auf. Wo Liebe ist, da stellt sich schlussendlich immer auch die Frage nach der Liebe des Schöpfers und der Sinnhaftigkeit des Lebens.

»Vermehrung des menschlichen Glücks wird
nur durch die Vermehrung der Liebe möglich.«
Lew N. Graf Tolstoi

Vertrauen

Mein lieber Freund, meine liebe Freundin, kannst Du einem Menschen so sehr vertrauen, dass Du über jeden Zweifel nur milde lächeln kannst? Und vor allem: Kannst Du Dir selbst so sehr vertrauen, dass Du über Selbstzweifel nur milde lächeln kannst? Was wäre das Leben ohne Vertrauen?

Der Mensch, dem es an Vertrauen mangelt, zu sich selbst wie auch zu anderen und in das Leben schlechthin, hat immer eine gestörte Beziehung zu sich selbst und zu seinem Schöpfer. Urvertrauen entstammt dem grundsätzlichen Glauben an die Liebe des himmlischen Vaters zu seinem Kinde. Ein gestörtes Vertrauensverhältnis ist immer ein gestörtes Liebesverhältnis, denn beides ist untrennbar miteinander verbunden. Wenn Ihr Euch in Eurem Leben entwurzelt und heimatlos fühlt, seid Ihr Euch der liebenden Führung Gottes nicht sicher oder zumindest nur sehr wenig bewusst.

Wenn es Dir an Selbstliebe mangelt, dann fühlst Du Dich bestenfalls wie ein schwarzes Schaf in der Familie der Kinder Gottes und schlimmstenfalls wie ein vergessenes oder gar verstoßenes. Das Vertrauen in die Liebe und Güte Gottes ist unabdingbar für ein kraftvolles, mutiges und erfüllendes Leben auf Erden. Erst die Gewissheit der bedingungslosen Liebe des Schöpfers ermöglicht es Euch, Eure Selbstliebe zu pflegen und zum Ausdruck zu bringen. Der Mensch und jedes Individuum schließt immer von sich selbst auf andere und das schließt auch Eure Gottesvorstellung ein. So wie Du das Geliebtwerden Deiner Mitmenschen nur in dem Maße ertragen und annehmen kannst, in dem Du Dich selbst liebst, so ist es auch um Deine Beziehung mit Gott bestellt. Wenn Du Dich selbst der Liebe nicht würdig fühlst, wirst Du nur schwerlich an die grenzenlose Liebe, Güte und Fürsorge dessen glauben können, der Dich erschuf.

Wer sich selbst nicht liebt, fühlt sich wie ein ›Irrtum Gottes‹ und tragischer kann ein Gefühl kaum sein. Wer der Schöpfung misstraut, kommt nicht umhin, auch dem Schöpfer zu misstrauen – und bist nicht auch Du Teil dieser Schöpfung? Wer sich selbst mit Gottes Augen sieht, kann nichts als Schönheit, Harmonie und Vollkommenheit wahrnehmen.

Jeder Mensch ist ein Kleinod der Schöpfung und dort, wo Ihr einen anderen liebt, könnt Ihr es sehen.

Liebe ist der Kniefall des Schöpfers vor seinem eigenen Spiegelbild und die ganze Schöpfung ist Gottes Spiegel. So spiegelt sich Gott mit all seiner Liebe in der Deinen. Aus derselben Uressenz erschaffen wie Er selbst, kann Gott nichts als Liebe in Dir wahrnehmen. Alles andere, was Du in Dir zu erkennen glaubst, ist Illusion von Schuld, Angst und Sünde, die immer zu Selbstbezichtigung, Verurteilung und Selbstverachtung führt. So sieht Gott Dich nicht, denn so hat Er Dich nicht erschaffen.

Alle Schöpfung ist vollkommen makellos, so wie der Schöpfer selbst und somit ist jede Illusion von Dunkelheit nichts als ein Irrtum über Dich selbst.

Wir werden nimmer müde, es Euch zu wiederholen: All das, all die Seiten Eurer Persönlichkeit, die Ihr als Fehler, Makel oder Schwächen bezeichnet und in Bausch und Bogen ablehnt, sind nichts als Eigenschaften. Es sind ganz individuelle, persönliche und einmalige Eigenschaften, die nur einmal so, in dieser Konstellation und nicht anders, von Gott geschaffen sind.

Jeder Mensch ist ein hochspezifisches Prisma des Göttlichen, vollkommen einmalig und einzigartig in seiner Art. Deine Charaktereigenschaften sind wie die fälschungssichere Handschrift Deiner Gesamtpersönlichkeit, die Dein Schöpfer nur in Dir und durch Dich so nutzen kann und nicht anders. Dein Leben kann nur von Dir in dieser ganz spezifischen Weise gelebt werden, wie Du es tust. Mit ganz einfachen Worten gesagt: Gott will Dich so, wie Du bist und nicht anders.

In und durch die Selbstliebe übernimmst Du die größte Verantwortung, die Du in Deinem Leben hast, die Verantwortung für Dich selbst. Nichts weiter und nichts anderes wird es für Dich je zu tun geben. In der Verantwortungsübernahme für Dich selbst liegt immer und unfehlbar auch der größte Nutzen und Segen für all Deine Lieben und für die ganze Welt. Jeder Mensch ist sich selbst der Mittelpunkt aller Schöpfung und von hier aus agiert er mit all seiner gottgegebenen Macht.

Für Dich bedeutet Selbstliebe eine vollkommen neue und veränderte Wahrnehmung Deines ganzen Lebens, all Deiner Mitmenschen und, wie wir gesehen haben, auch Deines Schöpfers. Wenn Du Dich selbst liebst, wirkst Du für Deine Umwelt nicht minder segensreich, auch wenn es sich erst einmal für Dich so anfühlt, als sei es Deine ureigene

Sache, die nur Dich etwas angeht und mit Deinen Mitmenschen nichts zu tun hat. Deine Eigenliebe, Achtung und Dein Respekt vor Dir selbst sowie die Hingabe an Dein eigenes Sosein wirken wie ein kleiner Kieselstein, der ins Wasser geworfen wird. Er zieht erst kleine und dann immer größer und mächtiger werdende Kreise.

Vorgelebte Selbstliebe ist der höchste Akt der Nächstenliebe, den Du anderen erweisen kannst. Du kannst für keinen anderen Menschen die Entscheidung zur Selbstliebe treffen, doch Du kannst sie ihm vorleben und ihm damit ein göttliches Zeichen setzen. In der Selbstliebe übernimmst Du ›Gottes Auftrag‹ der Nächstenliebe. Sich selbst zu lieben ist der mächtigste Akt, dessen ein Mensch fähig ist und im Grunde der selbstverständlichste. Die Entscheidung zur Selbstliebe nutzt die gottgegebene Ermächtigung zur Selbstdefinition auf vollkommene Art. Mit ihr steht und fällt Deine gesamte Selbstwahrnehmung und damit Dein ganzes Identitätsgefühl.

Wenn Du Dich nicht liebst, solltest Du nicht Deine Eigenschaften ändern wollen, sondern Deine Einstellung dazu. Nicht Du bist ›falsch‹, sondern Deine Selbstsicht. Der Liebe folgt immer eine erlösende Wahrnehmungskorrektur auf dem Fuße. Vertrauen ist das A und O jeder Art von Liebesbeziehung. Deine Beziehung zu Dir selbst ist untrennbar mit Deiner Liebesbeziehung zu Gott verwoben. Ohne das unbedingte Vertrauen darin, dass Gott Dich ›gut‹ erschaffen hat, so wie Du bist, mutiert der Versuch der Selbstliebe zu einem Spießrutenlauf, denn der Selbstzweifel wird immer wieder an Dir nagen. Wenn Du Vertrauen in die eigene Liebenswürdigkeit hast, dann kannst Du an die Liebe anderer glauben und ihr vertrauen. Soweit Ihr Euch selbst vertraut,

vertraut Ihr auch Euren Lieben. Im zwischenmenschlichen Bereich ist das gegenseitige Vertrauen das Trägergerüst jeder Beziehung und entscheidend für die emotionale Qualität des Geschehens zwischen zwei Menschen. Schlussendlich ist das Grundvertrauen in die Liebe als solche allein entscheidend und ausschlaggebend für die gesamte Lebensqualität.

Vertrauen ins Leben steht und fällt mit dem Vertrauen in die Liebe, denn wovon sonst könntest Du alles erwarten, was Du brauchst? Je mehr Du der Liebe vertraust, desto mehr kann sie Dir schenken. Mensch, Du bist unendlich geliebt! Alles, was Du brauchst, steht für Dich bereit, in jedem Augenblick.

»Nie ist der Mensch so gut beraten
wie im blinden Vertrauen auf die Liebe,
auf alles Wahre, Schöne und Gute.
Was ewig währt, kann niemals scheitern.«
Regulus

Frieden

Meine liebe Freundin, mein lieber Freund, Frieden, innerer Frieden, ist der höchste Zustand von Unabhängigkeit, den Du erfahren kannst. Wohl kaum ein anderer Gemütszustand bringt Dir so viel Segen wie ›Seelenfrieden‹.

Innerer Frieden wirkt in erster Linie höchst heilerisch, er ist Wohltat, Entspannung und permanente Erholung. Innerer Frieden wirkt wie die ständige Wiederaufladung einer Batterie, noch während sie genutzt wird. Diese tiefe innere Ruhe ist unabdingbar, wenn Du unabhängig sein willst von äußeren Begebenheiten, ja, sie bewirkt eben diese Unabhängigkeit. Frieden ist die Nachhut der Liebe und wohl ihre nachhaltigste und augenfälligste Konsequenz.

Wie wir sagten, ist innerer Frieden heilerisch. Er heilt alles bis dato noch Ungeheilte in Dir und hilft, in Einklang zu sein mit Dir selbst. Seelenfrieden ist Heilung auf höchster Ebene, denn er lässt Kümmernis und Leid erst gar nicht aufkommen. Kann es eine bessere und effektivere Schmerzbekämpfung geben als seine Vermeidung? Wenn Du im inneren Frieden mit Dir selbst bist, dann bist Du es auch mit dem Rest der Welt. Das eine ist logische Folge des anderen. Seelenfrieden entsteht dann, wenn Du ›Waffenstillstand‹ mit Dir selbst schließt. Ein Friedensabkommen mit Deiner eigenen Person ist nur dort möglich, wo Selbstliebe ist, denn eine andere Basis kann es nicht geben. Nur der Frieden mit Dir kann Dir Frieden in Dir bringen.

Wenn Du Dich willst, wie Du bist,
dann bist Du, wie Du sein willst.

Selbstzufriedenheit ist ein hervorragendes Machtinstrument, denn aus der Selbstzufriedenheit heraus befriedest Du Dein ganzes Lebensumfeld. Innerer Frieden zieht immer weite Kreise, denn der Mensch sehnt sich zutiefst nach dem Zustand innerer Eintracht und Harmonie.

Aus diesem Zustand des Einsseins mit Dir selbst schöpfst Du aus der tiefsten und reinsten Quelle, die Dir zugänglich ist. Entscheidungen, die Du im Zustand tiefsten Friedens mit Dir selbst triffst, sind nie verkehrt. Innerer Frieden ist der beste Ratgeber, den Du haben kannst, denn im Zustand des Friedens lebst Du aus der direkten Anbindung an Gott heraus. Frieden ist ein himmlischer Zustand, den Du jederzeit für Dich selbst beanspruchen kannst. Je mehr Du Frieden, Ruhe und Gelassenheit für Dich selbst lebst, desto mehr bringst Du sie in die Welt. Was Du selbst nicht hast, kannst Du auch nicht geben.

Eingangs sagten wir, dass innerer Frieden die höchste Form von Unabhängigkeit ist. Viele unter Euch begehen den grundlegenden Denkfehler zu glauben, dass Euer Seelenfrieden vom Verhalten der anderen und von den äußeren Umständen generell abhängt. Doch niemand außer Dir selbst kann diesen Anspruch jemals erfüllen. Damit legt Ihr die Verantwortung für Euer Glück in Hände, in die sie nicht gehört und nicht gehören kann. Wenn Ihr die Verantwortung für Eure persönlichen Belange aus Euch selbst heraus verlagert, seid Ihr immer im Irrtum. Wie wir sagten, ist Frieden die Nachhut der Liebe. Dies besagt nicht nur, dass Frieden immer dort zu finden ist, wo Liebe herrscht, sondern auch, dass es unmöglich ist, ohne Liebe zu innerem Frieden zu finden. Alles, aber auch alles im Leben, hängt von der Liebe ab. Wenn Du Deine Liebe lebst, dann bleibt es nicht beim Seelenfrieden für Dich selbst. Wie alle Segnungen und Gaben der Liebe, so schlägt auch der Frieden hohe Wellen.

Der Mensch sucht und strebt immer danach, geliebt zu werden. Die Liebe will sich in der Liebe des anderen wiederfinden und wiedererkennen. Aus dieser Sehnsucht heraus speist sich alles, was der Mensch tut und unterlässt. Wer sich geliebt weiß, der kann in seinem Herzen zur Ruhe kommen und in tiefer Gelassenheit leben. Wer geliebt wird, der lebt ein ständiges, andauerndes ›Happy End‹. Getragen und beflügelt von der Liebe des anderen findet Ihr sehr viel einfacher Zugang zu Eurer eigenen inneren ›Kammer des Friedens‹. Ohne Frieden im Gemüt ist Glück vollkommen unmöglich.

Jeder von Euch kennt dieses diffuse, schwer einzuordnende Gefühl suchender Rastlosigkeit und innerer Hetze ohne ersichtlichen äußeren Grund. Dieser Mangelzustand schmerzlicher Suche nach Liebe und Sinnhaftigkeit kann nur durch die Macht der Selbstliebe überwunden werden. Ein emotionales Vakuum kann nur dort entstehen, wo Leere herrscht und etwas Grundsätzliches fehlt. Ebenso kann dieses Vakuum nur in befriedigender Weise mit dem gefüllt werden, was denn da fehlt. Es gibt keinen Ersatz für Liebe.

Unangenehme innere Aufruhr ist nur da und dort möglich, wo es an Liebe fehlt. Selbstliebe macht aus einem bedrohlich tosenden Meer einen stillen, friedlichen See. Wo Frieden ist, da herrscht wohltuende innere Stille. Wenn Du in innerer Aufruhr und Unfrieden mit Dir selbst bist, dann gehe in Dich. Gehe einfach nur in die eigene, innere Stille und sieh, was geschieht. Sowie Du im Alles-ist-gut-Gefühl bist, hast Du Dich mit Deinem Höheren Selbst verbunden. Hier bist Du endlich in der Wirklichkeit aller Dinge angekommen.

Das Höhere Selbst, die göttliche Wirklichkeit in Dir, zeigt Dir in Zeiten großer Turbulenzen und Aufruhr immer den richtigen Weg. Was immer Du aus der Liebe und dem Frieden heraus entscheidest, das ist wohl entschieden. In der Liebe ist die ganze Weisheit Gottes Dir zugänglich und hier ist Fehlentscheidung vollkommen unmöglich. Der Friede sei mit Dir.

»Sobald im Innern Friede geschaffen ist,
hat der Mensch genügend Kraft
und Macht gewonnen, den Stürmen
des Lebens standzuhalten, innen und außen.«
Hazrat Inayat Khan

Stolz

Mein lieber Freund, meine liebe Freundin, bist Du stolz auf Dich selbst? Gestehst Du Dir zumindest Eitelkeit zu? Nun, Ihr habt allen Grund, stolz zu sein, denn Ihr seid Menschen!

Das Menschsein als solches wird von niemandem mehr und schwerwiegender verkannt und unterbewertet, als von den Menschen selbst. Ihr habt wahrhaft allen Grund, stolz zu sein, denn Ihr könnt lieben und Ihr könnt irren. Das Menschsein als solches bedeutet, einen enormen Spagat zu leben: In Eurer Liebe lebt Ihr ganz und gar göttliche Wirklichkeit, im Irrtum lebt Ihr ganz und gar Illusion. Dies bedeutet in erster Linie, dass das irdische Leben Leidpotenzial in sich trägt.

Nun, der Mensch weiß, was er tut, wenn er inkarniert und er tut es aus ganzem Herzen. Umso größer die Ehre, die dem Menschsein gebührt. Das irdische Leben ist ein ständiges Auf und Ab. Die kummervollen Seiten und Aspekte Eurer Inkarnation sind zumeist die, an denen Ihr wachst und reift. Im Hin und Her der Dualität aller Dinge sucht Ihr nach der Wahrheit hinter all dem und vor allem, nach der Wahrheit über Euch selbst. Die Tiefen des Lebens, die Erfahrungen von Verlust, Ablehnung, Sorgen und Mangel unterminieren Euer Gefühl für Euren natürlichen Selbstwert. Ihr fühlt Euch auf der Schattenseite des Lebens, unbedeutend, machtlos und alleingelassen in Eurem Elend. Eben diese Erfahrungen sind es jedoch, die Euch heranwachsen lassen zu einem reifen und vor allem autonomen Selbstwertgefühl.

Die Menschwerdung ist einer Wanderung in dunkler Nacht vergleichbar, in der es darum geht zu entdecken, dass Du Dir selbst das Licht bist und es des Weiteren über andere ausdehnst, damit sie es gleichermaßen für sich erkennen mögen. Menschwerdung ist eine große, heroische Herausforderung. Ungeachtet seines Lebenslaufes hat jeder Mensch, der auf Erden wandelt, diese Herausforderung angenommen, denn sonst wäre er nicht hier.

Jede Inkarnation hat ihre ganz spezifischen Herausforderungen, ungeachtet des äußeren Anscheins, den das jeweilige Leben vermitteln mag. Aus geistiger Perspektive betrachtet hat der Mensch allen Grund, stolz zu sein, und aus der irdischen erst recht!

Ihr inkarniert in eine duale Erfahrungsebene, dies bedeutet konkret, dass Ihr liebende Wesen seid, die sich der Erfahrung von Lieblosigkeit aussetzen. Ihr seid fühlende Wesen und setzt Euch der Erfahrung von emotionsloser Gleichgültigkeit aus. Ihr seid denkende Wesen und setzt Euch der Erfahrung von Gedankenlosigkeit aus. Ihr seid sexuelle Wesen und setzt Euch der Erfahrung der Ächtung Eurer Sexualität aus.

Ihr seid schöpferische Wesen und setzt Euch der Erfahrung von Machtlosigkeit aus. Ihr seid vollkommene Wesen und setzt Euch der Erfahrung von Irrtum aus. Ihr seid freie Wesen und setzt Euch der Erfahrung von Zwang aus. Ihr seid integere Wesen und setzt Euch der Erfahrung von Krankheit aus. Ihr seid geistige Wesen und setzt Euch der Erfahrung von Materie aus. Ihr seid göttliche Wesen und setzt Euch der Erfahrung des Bösen aus. Ihr seid heilige Wesen und setzt Euch der Erfahrung von Schuld aus. Ihr seid unsterbliche, ewige Wesen und setzt Euch der Erfahrung von Angst aus.

Dies alles, und das ist nur ein kleiner Abriss der Wirklichkeit, bietet jeden Grund, wahrhaft stolz auf Euch und Euer Leben zu sein.

Wie die meisten positiven und konstruktiven Aspekte der Selbstliebe, so sind auch Stolz und Eitelkeit in dieser Welt eher verpönt als geehrt und gefördert. Zugunsten einer ›Bescheidenheit‹, die nichts als Elend über die Welt und die Menschen bringt, wurde Stolz zu einem moralischen Makel degradiert und verzerrt. Die Herabwürdigung des eigenen Wertes führt immer in den unseligen Strudel der Illusion von Angst und Schuld. Doch ehrlicher Stolz und Eure liebenswerten menschlichen Eitelkeiten sind kein Ausdruck von Charakterschwäche, sondern vielmehr tief empfundene, bewusste Anerkennung des eigenen Selbstwertes.

Der stolze Mensch nimmt sich selbst ernst und damit auch seine Mitmenschen. Stolz gibt Gott recht, denn in seinem Schöpfungsplan gibt es keine Irrtümer und dunklen Flecken. Stolz ist die bewusste Wertschätzung der eigenen Person und damit ist er gleichermaßen Demut vor dem Göttlichen und seiner Schöpfung. Die Entwürdigung des individuellen Wertes jedes einzelnen Menschen, die diese Welt so gerne mit Bescheidenheit verwechselt, birgt nichts als Unheil. Wahre Bescheidenheit bedeutet, Dich selbst so zu lieben und zu wollen, wie Gott Dich in all Deiner Eigenart schuf.

Wahre Bescheidenheit und wahrer Stolz sind wie zwei sehr ähnliche Zwillingsschwestern, die immer Hand in Hand gehen. Die eine kann ohne die andere nicht sein. Was die Morallehre als ›Bescheidenheit‹ bezeichnet, ist eher eine destruktive Verleugnung der eigenen Persönlichkeit und die schizophrene Abspaltung des eigenen Soseins mit all seinen Bedürfnissen. Ihr inkarniert alle mit einem ›geheimen‹ Lebensplan, den Ihr erfüllt, ohne ihn bewusst zu kennen. Darin liegt seine ganze Größe und Sinnhaftigkeit.

Ihr alle, jeder Einzelne von Euch, leistet Großartiges in der Welt und für die Welt. Liebe ist immer und unfehlbar der Schlüssel zu den Dingen. Menschsein impliziert, dies früher oder später zu erkennen. Wer seine Menschlichkeit mit stolzgeschwellter Brust und hocherhobenen Hauptes trägt und verantwortet, dem gelingt vieles sehr viel einfacher.

Mache Dich selbst frei von jeder Illusion der Schuld, akzeptiere die Möglichkeit des Irrtums und sei stolz auf jeden Funken von Wahrheit, den Du für Dich erkannt hast. Wenn Du Licht für Dich selbst bist, hast Du Licht für Dich selbst erkannt. Und was einer erkannt hat, das ist für alle erkannt. Wir sind wahrhaft stolz auf Euch!

»Der Stolz, eine edle Leidenschaft,
ist nicht blind gegen eigene Fehler,
aber der Hochmut ist es.«
Georg Christoph Lichtenberg

Naturverbundenheit

Meine liebe Freundin, mein lieber Freund, Naturverbundenheit ist sehr viel mehr als die gelegentliche Freude an einem Waldspaziergang. Je mehr Du Dich der Natur verbunden fühlst, desto verwurzelter bist Du in dieser Welt.

Naturverbundenheit geht über die Freude an Fauna und Flora hinaus, obwohl sie natürlich auch das ist. Wenn Ihr Euch eins fühlt mit Mutter Erde und allem, was da kreucht und fleucht, seid Ihr eingebettet in ein urgewaltiges, komplexes System, dessen Nutznießer Ihr seid und sein sollt.

Wenn man das gesamte Phänomen der Natur in wenigen Sätzen beschreiben will, dann kann man von ihr sagen, dass sie ein kompliziertes und vielgestaltiges Zusammenspiel lebender Organismen ist, die sich gegenseitig nähren und erhalten. Als Ganzes können somit die verschiedenen Einzelorganismen wachsen, gedeihen, sich entwickeln, sich vermehren und sich in ihrer Einmaligkeit auf ihre typische und artgerechte Weise ausdrücken. Die Natur ist ein grandioses System von permanentem, wechselseitigem Geben und Nehmen. Im Kleinsten wie im Größten ist sie ein ewiger Kreislauf vollkommenen Zusammenspiels, in dem alles und jedes seinen eigenen festen Platz im Gefüge einnimmt.

Wie ein überdimensionales, lebendiges Puzzlespiel greift eins ins andere. Jede Lebensform ist einmalig, einzigartig und hochspezifisch in ihrem Verhalten, ihren Eigenarten und ihren Lebensräumen. In einem unseligen Fehlverständnis seiner selbst hat der Mensch schon vor langer Zeit begonnen, sich geistig von der Einheit mit der Natur loszusagen und sich im Folgenden auch emotional immer weiter von ihr entfernt. Ihr fühlt Euch nicht mehr als kreatürliche Wesen, so wie Ihr alle anderen in der Natur vorkommenden oder Euch bekannten Spezies nennt. Die Naturwissenschaft hat derweil den Menschen zum Homo sapiens erklärt und die etablierten Kirchen sind vehement dagegen zu Felde gezogen, den Menschen als einen Teil und ein Geschöpf der Natur zu betrachten.

Die Naturwissenschaften erkennen zumindest das Offensichtliche an, nämlich dass der Homo sapiens als lebender Mensch zumindest physisch aus den gleichen Bausteinen des Lebens besteht wie jede andere Kreatur in der Natur. Die Welt neigt sehr zum Entweder-oder und tut sich immer dann schwer, wenn es bei den Dingen um das Sowohl-als-auch geht. So sehr Ihr physische Kinder der Erde seid, so sehr seid Ihr doch auch rein geistige Wesen und nur vorübergehend zu Gast in dieser Welt.

Warum geben wir ein Kapitel über Naturverbundenheit durch? Wenn wir, wie hier geschehen, ein Buch über die Liebe anbieten, dann kommen wir nicht umhin, über das natürliche Lebensumfeld des Menschen zu sprechen, wenn wir denn einen Anspruch auf Vollständigkeit erheben wollen. Wenn man über das menschlich-irdische Leben spricht und dabei die Natur außen vor lässt, dann ist das in etwa so, als erzähle man eine Pointe ohne den Witz. *(Anm. der Verfasserin: Scherzhaft gesagt.)* Die Natur ist, allen an ihr begangenen Irrtümern zum Trotz, nach wie vor die nährende Mutter für all ihre Kinder, sie ist die Mütterlichkeit Gottes. Im gegenseitigen Geben und Nehmen liegt eine natürliche

Ausgewogenheit, die in ihrer Vollkommenheit und Komplexität nicht in Worte zu fassen ist. Die Natur bietet sozusagen das Paradebeispiel für die perfekte Balance zwischen Angebot und Nachfrage. Sie ist der göttliche, vollkommene und völlig offensichtliche Lehrmeister für Euch Menschen, wenn es um Kunst, Wirtschaft, Soziales und, nicht zu vergessen, um Politik geht. *(Anm. der Verfasserin: »Um Politik?« Darauf Regulus: »Na, dann sieh dir mal die Kämpfe um die Rangordnung in der Tierwelt an!«)*

Die Natur ist Synonym für Fülle, Nahrung und Schönheit. Wenn Ihr sensibel seid für die Pracht und Wunder der Natur, dann lebt Ihr nicht nur natur- sondern auch schöpfungsverbunden. Wer die rustikale Schönheit in einer alten, knorrigen Buche sieht, erkennt sie auch in einem wunderbaren Sternenhimmel in wolkenloser Nacht. Wenn Ihr Euch selbst ein Geschenk machen wollt, das Euch jederzeit zur Verfügung steht, dann erfreut Euch an Mutter Natur. Sie ist nicht nur eine Quelle beständiger Kraft, sie fördert außerdem das Gefühl des Einsseins mit Alles-was-Ist und somit Euer grundsätzliches Urvertrauen in das Leben. In einem liebenden, bewundernden Blick auf die Natur erschließt sich dem Betrachter die Erhabenheit des Göttlichen.

Wenn Ihr Euch wie ein unersetzliches und einmaliges Rädchen in einem großen und wunderbaren Getriebe fühlt, seid Ihr auf Erden wirklich zu Hause und tankt neue Kraft aus der Quelle der Lebensenergie schlechthin. Ihr könnt Euer Vertrauen ins Leben nicht von Eurem Vertrauen in die Natur trennen. Es ist vollkommen unmöglich, Dich sicher, wohl und beheimatet zu fühlen, wenn Du Deine Umwelt fürchtest und glaubst, sie sei Dir schlecht gesonnen. Die Einstellung zur Natur und die Haltung ihr gegenüber haben maßgeblichen und tief greifenden Einfluss auf Eure irdische Lebensqualität. Der Mensch glaubt zum Teil immer noch, die Natur in Schach halten und ihr alles Nötige unter Anstrengungen abtrotzen zu müssen. Nichts ist weniger wahr als das! Mutter Natur bietet den Menschen, wie auch jeder anderen Spezies, die Teil von ihr ist, alles, was sie brauchen zum Geschenke an.

Die Natur ist nicht des Menschen Feind, das war sie nie und wird es nie sein. Wenn die Natur nach des Menschen kurzsichtigem und unbedachtem Eingriff mit einfacher und logischer Konsequenz antwortet, dann hat sich nicht die Natur gegen den Menschen verschworen, sondern der Mensch gegen den Menschen. Natur muss man nicht ›vergewaltigen‹, der Natur muss man lediglich sagen, was man von ihr haben will. Im göttlichen Schöpfungsplan gibt es keine Absurditäten. Gott schuf keine menschenfeindliche Welt, um den Menschen dann hineinzusetzen.

Die weltweiten Rufe nach Natur- und Umweltschutz werden immer lauter. Ihr macht jedoch einen nur scheinbar subtilen und geringfügigen Denkfehler, der mitunter weite Kreise zieht: Der Zerstörung der Umwelt und damit Eurer Lebensgrundlage liegt nicht ein Mangel an Liebe und Respekt vor der Natur zugrunde. Der Zerstörung der Natur liegt ein Mangel an Liebe und Respekt für den Menschen zugrunde. Menschen, die sich selbst lieben, fühlen sich immer schöpfungsverbunden und sie handeln dementsprechend. Den Ast absägen, auf dem man sitzt, sollte man nur, wenn man Flügel hat. Wer sich selbst liebt, der ehrt und liebt die Natur, denn sie ist Euch Erdenkindern treusorgender Vater und nährende Mutter zugleich. Wer die Natur erhält, den kann die Natur erhalten. Die Natur verübelt Euch nichts, sie ist nicht Euer Feind und sie will sich auch nicht rächen. Sie wird sich niemals gegen Euch richten, denn sie ist ganz und gar aus Gott heraus und damit ebenso vollkommen friedfertig wie Gott selbst. Ihr alle seid Teil der Schöpfung.

Die Natur erhält sich selbst, denn sie wird von Gott erhalten und so wie Euch Menschen, so ist auch ihr alles vom Schöpfer gegeben, was notwendig ist, sich selbst zu erhalten. Die Natur will weder bekämpft noch verhätschelt werden wie ein kränkliches Kind. Die Natur will verstanden werden.

»Selig sind, die reinen Herzens sind, denn
sie können Gott in der Natur schauen.«
Theodor Gottlieb von Hippel

Dankbarkeit

Mein lieber Freund, meine liebe Freundin, als letzte Gabe der Liebe wollen wir die Dankbarkeit nennen. In das Gefühl großer Freude mischt sich immer auch Dankbarkeit und gesegnet ist der Mensch, der ihrer fähig ist.

Dankbarkeit ist eine sehr tiefe, stille Emotion, die an die Grundfesten des menschlichen Herzens rührt. Im Zustand wirklicher, tief empfundener Dankbarkeit fühlt Ihr Euch wie auf Samt und Seide gebettet. Ein Mensch, der von seinem Naturell her zu tiefer Dankbarkeit neigt, ist immer auch ein sehr tiefgründiger Mensch.

Spirituelle Menschen verfolgen die Spur der Segnungen und Glücksmomente zurück und besinnen sich auf die Quelle, der sie ihr Glück zu verdanken haben. Ein spiritueller Mensch ist ein suchender Mensch, der ständig um das Verstehen der Dinge um ihn herum bemüht ist. Dankbarkeit ist schon aus sich selbst heraus ein Segen, denn es verdoppelt das Glück des Dankbaren. Das, wofür er dankbar ist, und die Dankbarkeit als solche gereichen ihm zur Freude.

In der Emotion der Dankbarkeit bindet Ihr Euch im Bewusstsein erneut an den Glücksfall und erfreut Euch an ihm. Emotional erlebt Ihr das Geschehen erneut und genießt es zum wiederholten Male. So zieht Dankbarkeit als solche den größtmöglichen Nutzen aus jeder Situation.

Dankbarkeit schärft das Bewusstsein für jedes Glück und potenziert es um ein Vielfaches.

Der größte Segen der Dankbarkeit liegt in der emotionalen Verbindung mit Deinem Wohltäter.

Es ist für Dich und Dein Leben von fundamentaler Bedeutung, wem Du was zu verdanken glaubst. Nicht etwa, dass es dabei um Moral ginge und dass Du ja nicht vergessen mögest, Dich zu bedanken. Das ist nicht das Bestreben des Wohltäters, ansonsten wäre er keiner. Vielmehr geht es bei der Dankbarkeit um Dein Selbstverständnis, darum, wem Du was verdankst. Damit steht und fällt Dein ganzes Selbstbildnis und Dein Verständnis der Welt und des Lebens.

So wie wir über Dankbarkeit sprechen, sucht Ihr sicherlich in Eurem Gedächtnis nach Begebenheiten, die Euch zutiefst mit Dankbarkeit erfüllten, und denkt dabei an wohltätige Menschen. Das ist wunderbar, denn worum immer es auch ging, es war eine Sache von Herz zu Herz.

Wenn es in irgendeinem Sinne um Dankbarkeit im Leben geht, ist immer und ausnahmslos auch Liebe im Spiel. Ihr dürft mit Fug und Recht dankbar sein für jeden Akt der Liebe eines Mitmenschen, denn hier spiegelt sich die Liebe Gottes ganz und gar. Wenn ein anderer Dir etwas Gutes tut, dann siehst Du direkt in Gottes Angesicht. Dankbarkeit steht dem inneren Frieden sehr nahe.

Wenn Ihr im Grundgefühl der Dankbarkeit bleibt, seid Ihr in einem Zustand innerer Stille und Gelassenheit. Ihr fühlt Euch umsorgt und wohlbehütet von Euren Mitmenschen und auch von Gott, der diese Mitmenschen Eure Wege kreuzen ließ. Dankbarkeit hat immer offene Augen und Ohren, sie spürt den Zusammenhängen der Dinge nach und erkennt sie. So schafft und fördert das Grundgefühl der

Dankbarkeit eine enorme Erweiterung des Bewusstseins. Der dankbare Mensch ist in der Lage, sein Leben zu verstehen.

Ihr Menschen tut Euch häufig sehr viel schwerer damit, Dank anzunehmen als ihn zu geben. Nun, wenn Ihr Dank ablehnt, stellt Ihr nicht nur Euer ureigenes Licht, sondern die Liebe als solche unter den Scheffel. Dankbarkeit will sich verschenken und Ausdruck verschaffen und wer sie ablehnt, versperrt der Liebe, vor allem der Selbstliebe, die Tür.

Wenn ein Mensch sich Euch zu Dank verpflichtet fühlt, dann nehmt ihn freudig an und würdigt Eure Tat vor Euch selbst und für Euch selbst, denn was wohlgetan ist, muss sich nicht verbergen. Wo Euch Dank zuteil wird, da seid Ihr immer auch die Beschenkten, denn jede Dankesäußerung beinhaltet einen deutlichen und klaren Wegweiser für Euch. So ist die Dankbarkeit als solche bereits Gegengabe, denn in der Liebe gibt es niemals Einseitigkeit.

Wenn wir von Dankbarkeit sprechen, können wir die Beziehung zu Gott am allerwenigsten ignorieren. Dankbarkeit setzt ein Bewusstsein für das Geschenk, die Gabe, voraus. Je mehr Du Dich selbst liebst und ehrst, desto bewusster und deutlicher wird Dir bewusst, dass Du allen Grund dazu hast, Deinem Schöpfer dankbar zu sein.

Da und dort, wo der Mensch wirklich verstanden hat, welch unbegreifbar wunderbares Geschenk das Leben als solches ist, da feiert er sein Leben jeden Tag und in jedem Augenblick, denn das ist der Sinn und Zweck des ganzen Daseins. Die freudige Annahme des ›Geschenkes Leben‹ ist der machtvollste Ausdruck von Dankbarkeit, den Ihr Gott erweisen könnt. In diesem Geiste lebt Ihr in jedem Augenblick ein sehr bewusst gefühltes Leben im Hier und Jetzt. Im Geiste der Dankbarkeit Eurem himmlischen Schöpfer gegenüber seid Ihr sehr intensiv mit Euch selbst verbunden und an die göttliche Kraftquelle angeschlossen. Ihr fühlt Euch beseelt und empfindet Euer Dasein mit großer Klarheit. Dankbarkeit, die sich auf Gottvertrauen stützt, lässt Euch das Leben in jedem Moment mit allen Sinnen genießen. Gott gibt seine Geschenke nicht, damit sie übersehen, übergangen oder abgelehnt würden, denn Er weiß in jedem Augenblick, was Du brauchst.

Je mehr Du Dein Herz für die Dankbarkeit öffnest, desto klarer wird Dein Blick für alle Gaben, die Dir im Leben zuteil werden, und umso mehr erkennst Du den ihnen innewohnenden Segen für Dich. Je mehr Dankbarkeit Du empfindest, desto seltener wirst Du in Situationen kommen, in denen Du glaubst, bitten zu müssen. Dankbarkeit klärt den Blick dafür, dass in jedem Augenblick für Dich gesorgt ist.

Kann es je ein höheres, vollkommeneres Glück geben, als lieben zu können und zu lieben? Kann es Schöneres geben, als geliebt zu werden? Dankbarkeit ist die Antwort der Liebe an und für die Liebe. Wie wir noch sehen werden, führt vollkommene Dankbarkeit schließlich zu der Erkenntnis, dass niemals um irgendetwas gebeten werden muss.

Die Wege Gottes sind unergründlich, weil die Wege der Liebe es sind, unbegreiflich in ihrer vollkommenen Weisheit. Wer tiefe Faszination für das Wunder der Liebe empfinden kann, der ist beseelt und getragen von einem stillen, friedlichen Gefühl tiefer Dankbarkeit. Das Gefühl echter Dankbarkeit bestätigt die Liebe und gibt ihr recht bei allen Beteiligten, sowohl beim Gebenden als auch beim Nehmenden. Je bewusster die Wahrnehmung von Liebe, desto tiefer ist auch das Gefühl der Dankbarkeit. Sie ist die Demut des Herzens vor der unermesslichen Größe Gottes, wenn sie als das erkannt wird, was sie ist: reine Liebe.

Wenn Ihr Euch zu Dank verpflichtet fühlt, seid Ihr es nicht. Dankbarkeit hat nichts mit Pflichtgefühl zu tun. Vielmehr ist sie tiefstes Herzensbedürfnis. Dort, wo Dank ehrlich empfunden wird, ist er immer auch Ausdruck der Freude und des Glücks. Wenn Ihr Euch Eure Liebe zutiefst bewusst macht, könnt Ihr nicht umhin, grenzenlose Dankbarkeit zu empfinden für das, was Ihr seid.

Mit Eurer Liebesfähigkeit wurde Euch die größte Macht gegeben, die es geben kann: die Macht zum Glücklichmachen. Lieben und sich geliebt wissen sind das Alpha und das Omega jedes Lebens und aller Glückseligkeit. Begnadet ist, wer das Glück der Liebe erfährt, und gesegnet der, der sich dessen bewusst ist und sich dafür bedanken kann. So vermehrt die Dankbarkeit das Bewusstsein der Liebe und damit auch das Glück. Ein ›vollkommenes‹ Glück noch zu verbessern, das vermag nur die Liebe!

Dankbarkeit und Liebe sind in ständigem energetischem Austausch miteinander und potenzieren sich gegenseitig. Im Gefühl des Dankes feiert sich die Liebe selbst und wird gefeiert. Dankbarkeit ist eine Liebeserklärung an die Liebe und damit an Gott und an all Deine Lieben: Gott sei Dank, dass Du danken kannst!

»In jede hohe Freude mischt sich
eine Empfindung der Dankbarkeit.«
Marie von Ebner-Eschenbach

5. Teil

Die Säulen des Glücks

Der Humor

Meine liebe Freundin, mein lieber Freund, wir haben in Band III *Des Menschen Weg und Gottes Licht* schon viel zum Thema Humor gesagt. Humor ist der Regenbogen des irdischen Lebens. Er bringt auch dann noch Freude hinein, wenn alles Grau in Grau erscheint.

Humor ist eine ganz besondere göttliche Quelle der Kraft, er erfrischt die Lebensenergie, beschwingt die Sinne und weht wie eine luftige Brise durchs Leben. Humor stellt die Dinge in ein anderes Licht und relativiert sie. Wir sprechen hier nicht über kurzsichtige und ignorante Schönfärberei, sondern über Weisheit.

Humor hilft auch dann noch über vieles hinweg, wenn der Verstand versagt hat. Frohsinn ist Balsam für die Seele, denn er beschwichtigt das Herz, wenn Euch schwer zumute ist. In stürmischer See aufgepeitschter Gefühle kann Humor wirken wie eine augenblicklich eintretende Windstille. Humor nimmt dem Kummer den Wind aus den Segeln, ohne den Menschen zu entehren oder zu vernachlässigen. Schließlich reden wir hier von Humor und nicht von verletzender Ironie oder von Sarkasmus, die ganz eigene Formen des verbalen Angriffs darstellen.

Wirklicher Humor ist nur dann gegeben, wenn der Mensch dasjenige liebt, was er humoristisch auf die Schippe nimmt. Humor ist der Karneval des Herzens und macht aus so manch plumper Bewegung im Leben einen leichtfüßigen Tanz. Ein humorvolles Temperament ist kein Zufall.

Menschen mit Humor sind immer auch weise Menschen, denn Humor wird da und dort geübt und angeeignet, wo er notwendig ist.

Humorvolle Menschen kennen die Tiefen des Lebens und haben ihnen all ihre Kraft entgegengesetzt. Das macht sie zu wunderbaren Lehrern und Vorbildern in Sachen Lebensführung und zu einer Bereicherung für jeden, der den Ernst des Lebens ernst nimmt. Nun, der humorvolle Mensch nimmt den Ernst des Lebens ernst genug, um ihm Humor entgegenzusetzen. Humorvolle Menschen verbreiten eine ›Nimm-es-nicht-so-schwer-Atmosphäre‹ und indem sie dies tun, lehren und verbreiten sie Leichtlebigkeit.

Humor relativiert die Dinge, weil er sie emotional entschärft. Diese Entschärfung lockert die Fixierung auf das Problem und der Mensch kann einen Abstand dazu finden, der es ihm ermöglicht, das Problem einfacher zu lösen. Ihr alle kennt diesen Zustand der Fixierung auf ein Problem. Ihr seid wie hypnotisiert von einer Situation und kaum in der Lage, Euch mental und emotional zu bewegen. Ihr bratet sozusagen im eigenen Saft. Die emotionale Entladung, die mit dem Humor einhergeht, schafft inneren Raum für Bewegung und Lösungspotenziale, die vorher nicht gesehen werden konnten. Humor ist deshalb weise, weil er sich auf Gottvertrauen, ja mehr noch, auf Gotteserfahrung stützt.

Im Humor lebt Ihr in und aus dem Bewusstsein heraus, dass die Dinge sich schließlich immer doch zum Guten wenden, dass jeder Fluch zum Segen führte und führen wird. Gotteserfahrung in der Vergangenheit führt zu Gottvertrauen in der Gegenwart und in der Zukunft. Humor ist deshalb eine so starke und unerlässliche Säule des Glücks, weil er Euch daran erinnert, das Leben zu feiern. Humor ersetzt scharfe Munition durch Platzpatronen, denn was bedrohlich erschien, wird durch den Humor relativiert. Je kleiner und machtloser ein Problem erscheint, umso einfacher und leichter ist es zu lösen. Humor entzieht dem Problem das Fundament und damit auch die Macht, die Du ihm durch Deine Befürchtung verliehen hast. Das macht ihn zu einem heilenden Werkzeug Gottes.

Mehr noch als das ist Humor die grundsätzliche, natürliche Lebenseinstellung dessen, der das Leben erkannt hat als das, was es ist. Solange Ihr lachen könnt, seid Ihr Gott nahe. Humor ist gelebte Lebensfreude und da, wo das Leben geliebt wird, kann es sich in all seiner natürlichen Fülle ausbreiten.

»Ich definiere den Humor als die
Betrachtungsweise des Endlichen vom
Standpunkte des Unendlichen aus.«
Christian Morgenstern

Die Musik

Mein lieber Freund, meine liebe Freundin, die Säulen des Glücks sind jene Zustände, in denen sich das Leben selbst feiert. Nach dem Humor kommen wir nun zur Musik. Was wäre das Leben ohne Musik? Die Wirkung der Musik kann in ihrer Bedeutung für den Menschen und das irdische Leben kaum überschätzt werden. Sie ist so alt wie die Welt und die Menschheit selbst.

Musik als solche ist bereits eine Hymne an das Leben. Singen, tanzen, wo immer Musik erklingt, da schwingt die Seele im Gleichklang mit. Der Mensch wusste zu allen Zeiten die Macht und Wirkung der Musik zu schätzen und zu nutzen. Musik, natürlich immer vorausgesetzt, sie gefällt, berührt und belebt alle Sinne. Sie hat eine stark erneuernde und erfrischende Wirkung, der sich kein Mensch wirklich und ganz entziehen kann. Musik lässt niemanden kalt und unberührt, weil sie den Menschen auf tiefster Seelenebene anspricht.

Eure Musik könnte man als Widerhall der Melodien Eurer himmlischen Heimat bezeichnen, denn Musik liegt so sehr in der Liebe wie Liebe in der Musik. Sie ist göttlicher Seinsausdruck, die Sprache Gottes sozusagen, und eines der größten und schönsten Geschenke Gottes an die Welt. Wo Liebe ist, ist es niemals weit bis zur Musik. Je größer die Liebe, umso grandioser, hinreißender und herrlicher die Musik. Musik ist vertonte Lebensfreude und eng verbunden mit dem Humor und dem Lachen. Wie der Humor, so vermittelt auch die Musik Leichtigkeit und unbekümmertes Sein, denn, wie wir sagten, sind beide reine Attribute des Göttlichen. Musik belebt nicht nur die Sinne, sie dringt ins Herz und beeinflusst die Emotionen in tief greifender Art und Weise.

Ihr alle neigt dazu, die Art von Musik zu hören und zu genießen, die Eurer jeweiligen Stimmung entspricht und sie möglichst getreulich widerspiegelt. Ihr lebt mit der Unterstützung der Musik die Gefühle aus, die Ihr fühlen wollt. Entgegen der vorherrschenden Meinung, ›traurige‹ Musik würde die Schwere des Herzens in traurigen Stunden noch intensivieren, sei gesagt, dass genau das Gegenteil der Fall ist. Wenn Ihr Euch in der Musik verstanden fühlt, bringt sie Euch Erleichterung, indem sie die Last mitträgt.

Bewusst eingesetzt und genutzt, hat die Musik eine sehr entlastende und tröstliche Wirkung. Emotionen der Lebensfreude, der Euphorie und des Glücks können sich nirgendwo so wunderbar Bahn brechen, wie in und durch die Musik. Sie vervielfacht das Glück, denn sie ist ein hervorragendes Ventil und ein perfekter Katalysator tiefer Gefühle. Wo Trostlosigkeit und Bedrückung herrschen, da kann Musik augenblicklich wahre Wunder wirken, sie ist Sofortheilmittel von höchster Ebene.

Wenn Musik ›ins Blut geht‹, schwingen alle Körperzellen in harmonischem Gleichklang mit der Melodie. Bis auf die tiefste Zellebene reicht die wundervolle Wirkung der Musik. Getragen von der Energie des Liedes ›tanzen‹ die Körperzellen in reiner Lebensfreude. In der Musik erkennt die Körperzelle die Stimme ihres Herrn und Schöpfers wieder. Musik ist die einzig wirklich universelle Weltsprache. Sie ist höchst Völker verbindend, denn in der Liebe zur

Musik verstehen und verständigen sich die Völker aller Kulturen. Das Verständnis von Musik mag allerorten ein anderes und regional wie auch individuell unterschiedlich sein, doch in der Leidenschaft zur Musik verstehen sich die Menschen und finden zueinander. Musik wird von der Lebensenergie selbst getragen und findet von Ohr zu Ohr und von Herz zu Herz.

Ihr alle kennt dieses Gefühl, wenn Ihr Euch in einem Lied wiederfindet, wenn es Eure ganz persönliche Lebensgeschichte erzählt und Ihr Euch in Euren Gefühlen verstanden fühlt. Wie tröstlich doch ein Lied sein kann! Musik vermittelt das Gefühl nicht allein zu sein. Darin liegt wohl ihr größter Segen. In unangenehmen Stunden schenkt Musik Mut, Zuversicht und frischen Elan, sie lässt Euch auf das Morgen hoffen.

Musik ist ein allgegenwärtiges, weil göttliches Phänomen. Wenn Ihr Musik auf das reduziert, was aus Euren Radios und Musikinstrumenten dringt, dann bringt Ihr Euch selbst um wunderbare Erfahrungen akustischer Genüsse. Jede Sprache hat eine ganz spezifische, ihr eigene Melodie und sagt vieles über die Menschen aus, die sie sprechen. Die Musik einer Sprache, ihr Rhythmus, ihr Tonfall sind ebenso aussagekräftig wie ihr Wortschatz.

Eine weitere unerschöpfliche Quelle von Wohlklängen ist die Natur. Wenn Ihr Euch sensibilisiert und öffnet für die heilende und wohltuende Wirkung des Klanges, werdet Ihr das Knarren im Geäst eines alten Baumes ebenso genießen wie das ungestüme Tosen eines abendlichen Sturmes, das unermüdliche Zirpen einer Grille oder das wohlige Schnurren einer Katze. Die Quellen heilsamer Wohlklänge in der Natur sind schier unbegrenzt.

Wo Klang Wonne für die Ohren ist,
da ist er immer auch Medizin für das Herz.

In Eurer schnelllebigen und rastlosen Zeit ist die Berieselung mit Musik zu einem permanenten und allgegenwärtigen Phänomen entartet. Wenn Ihr die Musik nicht mehr hört, weil Ihr sie immer hört, werden Augenblicke der Stille zur kostbarsten Musik. Auch die Stille des Herzens will vernommen werden, diese feine, sanfte Melodie aus dem tiefsten Inneren. Das ist die Melodie des Einsseins mit sich selbst, harmonisch, friedlich, ewig.

Wenn Ihr gar nicht mehr ohne musikalische Untermalung und mit Euch selbst allein sein könnt, habt Ihr das Kind mit dem Bade ausgeschüttet. Da entfremdet Euch die Musik von Euch selbst, anstatt Euch näher an Euch heranzuführen und in Euer Herz zu begleiten. Die schönste, herrlichste und wundervollste Musik, die es in Deinem Leben geben kann, ist die Melodie der Stimme dessen, den Du liebst. Keine Musik kann berauschender sein, kein Ton kann tiefer in die Seele dringen, kein Klang Dein Herz tiefer beeindrucken. Hier wird Musik zum bezaubernden Sphärenklang und tausend Geigen könnten nicht schöner klingen. Die Stimme der Liebe ist die ewige Symphonie, die nie verklingt.

»Gesegnet sei der Gott, der den
Frühling und die Musik erschuf.«
Richard Wagner

Das Gebet

Meine liebe Freundin, mein lieber Freund, als dritte Säule des Glücks wollen wir uns nun dem Gebet zuwenden. Im Gebet feiern wir unser Leben, unser Einssein, unsere Gemeinschaft mit Gott.

Nichts ist natürlicher als die Zwiesprache, die aktive und konkrete Kommunikation mit seinem Schöpfer und nichts wird auf Erden so unsinnig und unnötig verkompliziert. Es wird Regeln und Ritualen unterworfen, die schön, gut und richtig sind. Wenn jedoch das Zustandekommen der Kommunikation mit Gott oder der ›Erfolg‹ des Gespräches davon abhängig gemacht wird, seid Ihr im Irrtum. Das Gebet ist ein Gespräch zwischen Dir und Deinem himmlischen Vater – nicht mehr, aber ganz sicher auch nicht weniger.

Wie wir in Band I *Des Menschen Wunsch und Gottes Wille* ausführlich zur Sprache gebracht haben, hat sich Alles-was-Ist niemals wirklich von seiner Schöpfung getrennt. Die ganze Schöpfung ist ganz und gar in Gott, so wie Er ganz und gar in seiner Schöpfung ist. Der Mensch hat das Paradies und damit die himmlische Heimat nie wirklich verlassen. Das Paradies, die Einheit mit Gott, kann niemals wirklich verlassen werden, denn Alles-was-Ist ist alles, was ist und was es jemals geben kann. Anders ausgedrückt: Es kann kein Außerhalb-von-Gott geben.

Wie wir ebenfalls gesehen haben, ist der Mensch niemals gewaltsam aus dem Paradies vertrieben worden, so wie es heute noch dargestellt und geglaubt wird. Vielmehr ist der

Mensch – und selbst das nur scheinbar – aus dem Paradies herausgetreten. Die Einheit mit dem Schöpfer war, ist und bleibt ewig gewährleistet. Der Austritt aus dem Paradies bedeutet lediglich, dass der Mensch während seiner Inkarnationszeiten bewusst auf das Gewahrsein der Einheit mit Gott verzichtet.

Der Mensch erlebt, erfährt und fühlt sich wie ein von Gott getrenntes Einzelwesen, das ganz allein bestehen und sich selbst erhalten muss: Das ist der Abstieg in die Dunkelheit, bewusst, frei und willentlich gewählt. Der Mensch kann jedoch niemals wirklich getrennt von der Quelle aller Liebe und damit einsam und verlassen sein, weil es außerhalb von Gott, sofern das denn möglich wäre, kein Leben geben könnte. Ihr wart, seid und bleibt in jedem Augenblick der Ewigkeit Teil von Gott selbst, der sich dazu entschieden hat, diese Art von Erfahrung des Getrenntseins zu machen, um sich aus sich selbst heraus zurückzuerinnern an seine wahre Identität.

Wie wir oft schon sagten, geht es darum, Euch inmitten der Dunkelheit selbst als das Licht zu erkennen, das Ihr seid. Ihr selbst seid das Licht, das Ihr sucht. Es gibt keinen Sündenfall. Ihr seid Gott selbst, der sich selbst als Mensch erleben will. Es kann nicht oft genug wiederholt werden: Es hat nie einen Sündenfall gegeben. Die rohe und aggressive biblische Darstellung der Vertreibung aus dem Paradies symbolisiert lediglich den Schritt aus dem Licht des Wissens um die Einheit, hinein in die Mühsal der Dunkelheit.

Es kann kein schwereres Sein geben, als sich im Glauben an ein Getrenntsein von seinem Schöpfer und damit vom Ursprung aller Liebe und allen Lebens zu wähnen. Die Tatsache, dass Ihr Euch ein Leben zumutet, in dem es ganz so aussieht, als gäbe es eine Distanz zwischen Euch und Eurem Schöpfer, ist keine Sünde, sondern höchste Ehre und größter Verdienst.

Ihr inkarniert alle und ausnahmslos
um der Liebe willen.

In diesen beschwerlichen irdischen Zeiten des Glaubens an eine Trennung von Gott lässt Gott Euch erst recht nicht allein. Nie ist Gott so sehr in Eurer Nähe, ja sogar ganz und gar bei Euch, wie in Zeiten irdischen Lebens!

Menschwerdung bedeutet ein stetiges Wechselbad der Gefühle und ständiges Auf und Ab: Wann braucht Ihr Gott denn dringender als hier und jetzt? Warum wohl bringen wir in diesem Kapitel über das Gebet die ›leidige Sache‹ mit der ›Erbsünde‹ wieder aufs Tapet? *(Anm. der Verfasserin: Scherzhaft gesagt.)* Weil sie die ganze Art der menschlichen Beziehung zu seinem Gott geprägt und beeinflusst hat und immer noch tut. Kannst Du denn wirklich glauben, ein liebender Gott könne einen ›Baum der Erkenntnis‹ erschaffen, um Euch dann dessen Früchte zu verbieten? Worin sollte denn die Daseinsberechtigung der Erkenntnis bestehen, wenn sie verboten ist? Worauf sollte ihre Sinnhaftigkeit beruhen?

Kannst Du denn wirklich glauben, ein liebender Gott würde wollen, dass seine Schöpfung unwissend und dumm bleibt, sich selbst nicht erkennend und ausdrückend in ihrer wahren Identität? Eine Identität, die seinen Geschöpfen doch von Gott selbst verliehen wurde? Kannst Du denn wirklich glauben, Jahrtausende von leidvollen Erdenleben könnten Folge einer einzigen ›Sünde‹ sein? Kannst Du denn wirklich glauben, ein liebender Gott würde nicht vor einem Fehltritt behüten, wenn es denn so etwas geben könnte?

Kannst Du denn wirklich glauben, ein liebender Gott würde irgendjemanden, ja sogar alle, für den ›Fehler‹ einiger weniger büßen lassen? Kannst Du denn wirklich glauben, Verantwortung sei übertragbar und was Ihr ›Schuld‹ nennt sei ›vererbbar‹? Kannst Du denn wirklich glauben, der Foltertod eines Einzigen könne all dies ungeschehen machen, wenn dem denn so gewesen wäre?

Kannst Du denn wirklich glauben, ein liebender Gott würde Dir mehr Macht verleihen, als ihm selbst lieb ist für Dich? Kannst Du denn wirklich glauben, ein liebender Gott sei so nachtragend, arrogant, hochmütig, machtbesessen und rachsüchtig, dass Er keine ›Verjährungsfrist‹ gelten lässt? *(Anm. der Verfasserin: Scherzhaft gesagt.)*

Kannst Du denn wirklich glauben, ein allmächtiger Schöpfer würde etwas erschaffen, das sich dann als ganz anders herausstellt, als Er es wollte und will? Kannst Du denn wirklich glauben, der Mensch sei für Gott eine Enttäuschung? Kannst Du denn wirklich glauben, Du seiest für Gott eine Enttäuschung?

Es gibt keine Fehlkonstruktion im irdischen Schöpfungsplan, es gibt nur Menschen, die sich dafür halten. Wie Du unschwer erkennen kannst, sind dies alles menschliche und irdische Konzepte und Denksysteme, allesamt geboren aus dem Glauben an eine Trennung von Gott. Dies alles ist der Wahn der Welt und hat nichts mit Gottes Wirklichkeit zu tun und damit auch nicht mit der Deinen: Gott ist nicht verrückt! Wie gesagt, wenn es um das Beten, die Zwiesprache mit Gott geht, ist Deine Einstellung zu ihm, zu seinem

Schöpfungsplan und Deiner Rolle darin von fundamentaler Bedeutung. Du kannst nicht ernsthaft mit Gott reden wollen, wenn Du ihn fürchtest. Ganz genau wie bei einem Wortwechsel mit einem Mitmenschen, steht und fällt die Qualität des Gespräches mit der Beziehung, in der Du zu Deinem Gott stehst. Beten ist Vertrauenssache. Wenn Ihr Euch Gott vertrauensvoll zuwendet, gelingt dies ironischerweise deshalb oft sehr gut, weil Ihr Gott in weiter Ferne vermutet und somit aus sicherer Entfernung völlige Offenheit wagt.

Nun, Ihr Lieben, Gott ist immer nur einen Gedanken weit entfernt. Es geht beim Gebet nicht etwa darum, ob Gott Dir antwortet, sondern vielmehr darum, ob Du seine Antwort hören willst. Wenn Du sie fürchtest, wirst Du sie kaum wirklich hören wollen.

Wie wir bereits sagten, Beten ist Vertrauenssache. Es geht nicht um gewisse Techniken, Rituale oder feierliche Worte. Es geht darum, Dich Deinem Schöpfer in Deinem ganzen Sosein zuzuwenden und hinzugeben. Beten schließt den ganzen Menschen ein, das Gemüt, den Intellekt und die Physis. Das Gebet ist eine Erfahrung der Liebe und der bedingungslosen Akzeptanz. Vor Deinem Schöpfer kann es nie einen falschen Gedanken geben, nie ein falsches Wort oder ein falsches Gefühl. Geh zu Gott wie zu Deinem besten, treuesten und intimsten Freund und Dein Gebet wird ein fruchtbares.

Die meisten von Euch assoziieren Gottes Vaterschaft mit irdischen Erfahrungen von Strenge, Autorität und Bedingungen. Die Vaterschaft Gottes beruht jedoch auf grenzenloser Weisheit und bedingungsloser Liebe. Wie auch immer Du bist, so und nicht anders will Gott Dich haben! Dort, wo Du in Gott einen ebenbürtigen Freund siehst, setzt Du ihm keine Schranken der Offenbarung, weil Du nichts fürchtest. Je mehr Gott Dein ebenbürtiger Freund ist, desto klarer siehst Du Euch beide als ›Verbündete in Sachen Liebe‹. In dieser vertrauensvollen und gelassenen Atmosphäre kann Er sich Dir in seiner alles beherrschenden Autorität offenbaren.

Wirkliche Autorität hat nichts zu tun mit Züchtigung, Rüge oder Strafe, denn das sind Auswüchse von Machtlosigkeit. Vielmehr ist sie ein weises, sanftes und geduldiges Führen an den Klippen irdischer Leiderfahrung vorbei. Wenn Du Gott als Deinen ebenbürtigen ›Lebenspartner‹ anerkennst, dem Du gerne und vertrauensvoll die verständnis- und liebevolle Führung überlässt, kann Er sich in Liebe mit Dir verbinden und Dir sehr nahe kommen: Gott ist kein Gott, der hoch oben im Himmel thront; Gott ist ein Gott, der auf Deiner Bettkante sitzt und Dir zuhört.

Gott ist nicht nur eine mögliche Autorität, für oder gegen die Du Dich entscheiden kannst, Er ist die einzige. So lehrt Dich Gott im Gebet, was wirkliche Autorität bedeutet und wie Du die Deine unter irdischen Bedingungen zum Segen aller geltend machen kannst. Im Gebet lernt Ihr die Übernahme von Verantwortung. In der Freundschaft mit Gott und der damit bekundeten Ebenbürtigkeit ist Gott ein ›Gott zum Anfassen‹ und immer nur einen einzigen Gedanken weit entfernt.

Die höchste Form des Gebetes ist und bleibt jedoch gelebte Liebe. In der gelebten, praktizierten Liebe gibst Du Gott recht und erlaubst ihm, sich durch Dich auszudrücken. Im Vergleich dazu ist und bleibt alles andere leeres Lippenbekenntnis.

Am ›Ende‹ Eures Lebens werdet Ihr Euch nicht fragen, wie viel und inbrünstig Ihr gebetet, sondern wie sehr Ihr geliebt habt.

Die Gotteserfahrung im Gebet ist und bleibt natürlich dennoch eine wesentliche. Das Zwiegespräch mit Gott speist Dich mit Kraft und Klarheit und vermittelt vor allem eine konkrete, praktikable Wegweisung.

In der bewussten Vereinigung mit Gott kannst Du jederzeit alles erbitten, was Du brauchst. Und ebenfalls im Gebet wirst Du erfahren, dass Du es schon hast. Im tief empfundenen Gebet findest Du eine friedvoll und zuversichtlich vermittelte Bewusstseinserweiterung, die Dir nur in der vertrauensvollen Anlehnung an Gott zuteil werden kann.

Wo Gott Dir die Dinge von übergeordneter Warte aus verdeutlicht, da sind dem Leid Grenzen gesetzt. Gott lässt Dich niemals ohne Trost und Antwort. Diese Antwort bedeutet immer auch die Offenbarung der Sinnhaftigkeit hinter den Dingen. Je vertrauensvoller Du Dich an Gott wendest, umso leichter und vor allem friedvoller wird Dein Leben. Gott hat Dich – seinen Sohn, seine Tochter – niemals verlassen und Du kannst nie tiefer fallen, als in die liebenden Arme Deines himmlischen, ewigen Vaters. Lasse Dich vertrauensvoll fallen in Gott und Du wirst niemals tief sinken.

»Ich glaube mehr an Gebete
als an Arzneien.«
Michelangelo

6. Teil

Die Geometrie und ihre Symbolik

Die Form des Lebens

Mein lieber Freund, meine liebe Freundin, vielleicht wird es Dich erst einmal wundern, dass wir an dieser Stelle den Bogen unserer Betrachtungen über das Wesen Gottes und die Natur der Liebe zur Mathematik spannen. Die Mathematik ist die Sprache des Universums, die Sprache der Schöpfung und somit die Sprache Gottes schlechthin. Was aber Gottes Sprache ist, das muss – wie könnte es anders sein – eine Ausdrucksform der Liebe sein.

Wenn wir also das Wesen Gottes erkunden, dann kommen wir um die Mathematik nicht umhin. Die Mathematik ist das grandiose, geheimnisvolle Werkzeug, mithilfe dessen Gott erschafft. Die meisten von Euch, so auch unser Medium, stehen der Mathematik eher zwiespältig, weil mit vorsichtiger Bewunderung und einem gewissen furchtsamen Respekt gegenüber. *(Anm. der Verfasserin: »Stimmt!«)* Und doch erfreut Ihr Euch tagtäglich ihrer Wirkungen, denn die gesamte Schöpfung beruht auf ihren Prämissen und Gesetzen.

Der Mensch scheut naturgemäß die Berührung mit Dingen, die er nicht versteht, die Mathematik indessen ist die heilige Logik Gottes. Wenn wir uns kurz den Wundern der Geometrie zuwenden, bevor wir uns schließlich in die spannende Welt der Zahlen begeben, dann bleiben wir dennoch ganz und gar bei unserem alles beherrschenden Thema, der Liebe. Wie wir zu betonen nimmer müde werden, ist sie das ureigene Wesen Gottes und um nichts anderes geht es uns in unseren Botschaften. Wie alles und jedes, das erschaffen wurde, eine Erscheinungsform der Liebe ist und nichts anderes sein kann, so ist auch die Mathematik, die Sprache des Universums, eine hochspezifische Ausdrucksform der Liebe.

Wir beginnen unseren Exkurs also mit einem kleinen Abstecher in die bunte Welt der Formen und widmen uns an erster Stelle dem Kreis und seiner Symbolik. Der Kreis ist die geometrische Figur des Lebens selbst. Ohne Anfang und Ende symbolisiert er die Ewigkeit, das ewige Sein in ständigem Wandel und in immerwährendem Kommen und Gehen. Er steht für den Kreislauf von Werden und Vergehen, für das Leben in ewiger, unaufhaltsamer Bewegung. Der Kreis repräsentiert Erneuerung, Verjüngung und vor allem das Sein im ewigen Jetzt.

Wie keine andere Form in der Geometrie, so steht der Kreis für die Zeitlosigkeit im Gewahrsein des immerwährenden Augenblicks. Da die Liebe die einzig ewige Wirklichkeit in und hinter den Dingen ist, befinden sich alle Dinge in der übergeordneten Wirklichkeit ihres Seins außerhalb von Zeit und Raum. Liebe kann nur außerhalb der Zeit sein, da sie sich ewig gleich bleibt und allzeit unveränderlich ist. Wo wahre Liebe ist, da spielt die Zeit keine Rolle. So wie die Liebe und das Leben selbst, so ist der Kreis ein in sich selbst vollständiges und abgeschlossenes System. Und wie die Liebe selbst, so pulsiert der Kreis in ständiger Ausdehnung begriffen und dennoch immer ein Kreis bleibend.

Wie wir bereits sagten, symbolisiert die Kreisform das ewige Kommen und Gehen, das Werden und Vergehen. Im Bewusstsein der Liebe kann niemals irgendetwas verloren gehen und so ist nach dem Vergehen das erneute Werden, das

Wiederkommen, auf ewig von Gott selbst garantiert. Der Kreis fördert unser Bewusstsein um die ewige Tatsache, dass es den Tod nicht gibt und niemals geben kann.

Wenn Liebe endlich ist, dann ist sie keine Liebe! Was von menschlicher Warte aus betrachtet aussieht wie ein Ende, ist der Anfang in unser aller göttlichen Heimat. Wir dürfen nicht vergessen, dass wir in dieser Welt sind, nicht aber von dieser Welt. Die Kreisform, die wir im ganzen Universum wiederfinden, ist stetige Rückerinnerung an die Allgegenwart des Schöpfers und die Unendlichkeit seiner Liebe für die ganze Schöpfung.

Der Kreis vermittelt Urvertrauen und Gläubigkeit. Er besänftigt und beruhigt das von Sorge und Not erhitzte Gemüt. Die kreisrunde Form ist immer da und dort angezeigt, wo sich der Mensch in Existenz- und Lebensangst verliert und zermürbt. Immer dann, wenn der Mensch das Vertrauen in den natürlichen Fluss des Lebens und den guten Ausgang aller Dinge verloren hat, kann die Kreisform hilfreich eingreifen.

Der Kreis symbolisiert das Leben und somit die Liebe selbst und fördert das Vertrauen in die grenzenlose Macht der Liebe. Er hilft dabei, die absolute und ausnahmslose Bedingungslosigkeit der Liebe zu erkennen, zu verstehen und für sich selbst anzunehmen.

»Leben – das ist etwas, das passiert,
während du Pläne schmiedest.«
John Lennon

Die Form des Göttlichen

Meine liebe Freundin, mein lieber Freund, das Dreieck ist die Versinnbildlichung des göttlichen Mysteriums selbst. Es steht für die heilige Dreieinigkeit Gottes: Gott-Vater, Gott-Sohn, Heiliger Geist. Somit impliziert die geometrische Figur des Dreiecks Alles-was-Ist in jedem seiner Teilaspekte. Gott-Vater das grenzenlose heilige Mysterium des Göttlichen, die Schöpferkraft selbst. Gott-Sohn die Gesamtheit der Kinder Gottes und damit die ganze Herrlichkeit der Schöpfung. Heiliger Geist das unendliche göttliche Bewusstsein oder, um es mit anderen Worten zu sagen: reine Liebe, die um sich selbst weiß und sich ihrer selbst vollkommen bewusst ist.

Das Dreieck, das heilige Symbol des Göttlichen, ist immer da und dort angezeigt, wo der Mensch Gottnähe vermisst und sucht. Es hilft dabei, den Kontakt zum Höheren Selbst und damit zum eigenen Liebesbewusstsein zu intensivieren und zu konkretisieren. Diese Energie fördert das Gebet und die meditative Versenkung.

Da das Dreieck ebenso für die Konzepte von Glaube, Hoffnung und Liebe steht, ist es sehr vielseitig in seinen Anwendungen. Der Glaube führt unfehlbar zur Hoffnung, ja, er trägt die Hoffnung schon in sich. Diese Hoffnung findet ihre Erfüllung in der absoluten Gewissheit der Liebe und geht ganz und gar in ihr auf. So bilden Glaube und Hoffnung die Basis des Dreiecks, das von der Liebe gekrönt wird.

Als ein in sich geschlossenes und vollständiges geometrisches System führt beim Dreieck das eine unfehlbar zum anderen, bestätigt und intensiviert sich gegen- und wechselseitig. So hilft diese Energie in schweren Glaubens- und Lebenskrisen.

Das Dreieck mit dem Auge Gottes in seinem Zentrum repräsentiert das Bewusstsein des Göttlichen von sich selbst: Gott ist sich seiner selbst in jedem seiner Teilaspekte vollkommen bewusst, sowohl in seiner grandiosen Schöpferkraft als auch in seiner Schöpfung selbst. Das Auge Gottes sieht deshalb alles, weil es um alles weiß. Hier stoßen wir, wie so oft, an unsere Grenzen der Begrifflichkeiten und des Begreifbaren. Das unbegrenzte göttliche Mysterium ist in letzter Konsequenz weder erklärbar noch begreifbar, es ist lediglich erfahrbar in seiner ureigenen Essenz: in der Liebe!

»Gott findet sich selbst,
indem er erschafft.«
Rabindranath Tagore

Die Form des Irdischen

Mein lieber Freund, meine liebe Freundin, kommen wir nun bei unserem kleinen Exkurs in die faszinierende Welt der Geometrie zur dritten Figur, dem Quadrat.

Das Quadrat symbolisiert das Irdische, die Welt der Materie und somit die Welt der äußeren Erscheinungen. Es steht für die vier Elemente: Erde, Feuer, Wasser und Luft. Diese Energie ist immer da und dort angezeigt, wo es dem Menschen an Bodenhaftung und damit an Erdung mangelt. Wer sich in dieser Welt nicht so recht zu Hause und verloren fühlt, dem kann die Quadratenergie helfen. Sie fördert die allgemeine Lebensfreude und die Lust am irdischen Dasein. Der ›Dienst am irdischen Leben‹ wird freudig angenommen.

Dieser Dienst am Erdendasein kann nur in der Erkenntnis münden, dass das Erdenleben gegeben ist, Dir zu dienen und sich in Deinen Dienst zu stellen. Wir verweisen an dieser Stelle gerne auf das Kapitel ›Die Spiegelfunktion der Außenwelt‹ in Band I *Des Menschen Wunsch und Gottes Wille*.

Wie wir zu betonen nimmer müde werden, ist das Leben Selbstzweck, ebenso wie die Lebensessenz selbst, die Liebe. Das Leben ist gegeben, es zu zelebrieren, zu genießen und in jedem Augenblick zu feiern. Je mehr das Wort ›Leben‹ zu einem Synonym für die Liebe selbst wird, desto deutlicher wird dies erkannt und lebendig umgesetzt. Das Leben feiert sich selbst in jedem Liebesausdruck und die Liebe feiert sich selbst im gelebten Leben. Somit sind Leben und Liebe zwei verschiedene Begriffe für ein und dieselbe Energie.

Je deutlicher und tiefer dies verstanden wird, desto grandioser und herrlicher sind die Möglichkeiten der Welt und der Menschen, sich die unbegrenzten schöpferischen Kräfte der Liebe nutzbar zu machen. So wird die Welt zum Garten Eden, denn der Himmel ist kein Ort, der Himmel ist ein Zustand. Er ist das allumfassende Bewusstsein der Liebe – allmächtig, allgegenwärtig und ewig in ihrem Sein.

»Schön hat Gott die Welt gemacht,
der Mensch soll sie gut machen.«
Robert Hamerling

7. Teil

Mathematik: Die Logik Gottes

Die Zahl der Einheit

Meine liebe Freundin, mein lieber Freund, die Zahl 1 ist die Zahl der Einheit des Wesens Gottes und damit die Zahl der absoluten Vollkommenheit. Und so steht diese Zahl für die Einheit von Alles-was-Ist und somit für die Gesamtheit der Schöpfung schlechthin. Da es nur einen Gott gibt und geben kann, steht diese Zahl für Gott selbst. Niemals kann irgendetwas sein, das nicht von ihm erschaffen und demnach Teil seiner selbst wäre. Niemals kann es etwas geben, das nicht göttlichen Ursprungs wäre.

Wie wir in unseren vorangehenden Botschaften gesehen haben, gibt es kein ›Außerhalb‹ von Gott, nichts, was nicht Teil von ihm wäre. Alles-was-Ist ist, was der Name sagt. Um es mit den Worten des Anselm von Canterbury zu sagen: »Gott ist das, wovon etwas Größeres nicht gedacht werden kann.«

Immer wenn Du glaubst, Dich an einem Punkt zu befinden, wo Er nicht ist, dann war Er schon dort, denn sonst könnte es diesen Punkt nicht geben. Was glaubst Du denn, wer diesen Punkt geschaffen hat, ihn Dir zu schenken, damit Du ihn entdecken mögest?

Immer wenn Du glaubst, etwas zu sein, was Er nicht ist, dann war Er es schon, denn sonst könntest Du es nicht sein und in Dir selbst entdecken als Teil Deiner selbst. Dein Sein ist Sein von seinem und so kann es niemals etwas geben, das

Er nicht ist. Keinen Gedanken kannst Du jemals denken, kein Gefühl jemals hegen, der bzw. das nicht ihm entstammt, denn Dein Leben ist Leben von seinem Leben. Deine Gedanken sind die seinen, Deine Gefühle sind die seinen. Nicht den flüchtigsten Gedanken und nicht das nichtigste Gefühl kannst Du jemals aus Dir selbst heraus haben.

Wenn Du denkst, Du denkst – was glaubst Du, wessen Gedanken Du da denkst? Dein Bewusstsein ist sein Bewusstsein. Wenn Du fühlst – was glaubst Du, wessen Gefühl Du da fühlst? Deine Gefühle sind seine Gefühle. Aus Dir selbst heraus hast Du kein Sein und kannst niemals eines haben, denn es gibt nur ein ›Aus-sich-selbst-Heraus‹ und das ist Gott selbst und das ewige, heilige Mysterium seines Seins.

Gott selbst ist der Schöpfer, der Urheber, die Ursache allen Seins, das jemals war, jemals ist und jemals sein kann. Von Ewigkeit her zu Ewigkeit hin ist Dir dies göttliche Garantie, dass Du niemals aus der sicheren Einbettung in Gottes Sein heraustreten oder herausfallen kannst. Wo es kein Außerhalb geben kann, da bist Du immer innen. Wohin auch immer Du Dich wenden magst, wie auch immer Du Dich definieren magst, was auch immer Du zu denken oder zu fühlen entscheidest, wie tief auch immer Du in den Irrtum über Dich selbst sinken magst oder wie hoch empor Du in der Erkenntnis steigen magst, niemals kannst Du tiefer fallen als bis in die liebenden Arme Deines himmlischen Vaters, der Dein Schöpfer ist.

Die Zahl der Verbindung

Mein lieber Freund, meine liebe Freundin, die Zahl 2 ist die Zahl der Verbindung und somit letztlich die Zahl der Heilung. Immer da und dort, wo sich Trennung in Verbindung auflöst und in ihr aufgeht, ist Heilung gefunden.

Viel haben wir bereits gesagt über das Wesen der Dualität in dieser Welt. Hier sei auf das entsprechende Kapitel in Band I *Des Menschen Wunsch und Gottes Wille* verwiesen. Wo Licht ist, da ist auch Schatten, denn sonst könnte sich das Licht nicht als Licht erkennen. So sind denn beide eine Einheit, verschiedene Sichtweisen und Aspekte ein und desselben Prinzips. Verbindung ist Aussöhnung und damit Heilung.

Die Erkenntnis der allem zugrunde liegenden Einheit der Dinge hinter dem äußeren Schein der Trennungsillusion wirkt sich immer und ausnahmslos segensreich aus. Will man die Wirklichkeit aller Dinge erkennen, so muss man sie in ihrer Gesamtheit sehen und erfahren. So wie sich das Männliche im Weiblichen erkennen muss und das Weibliche im Männlichen, um zu Heilung und Ganzheit zu finden, so ist es auch um jeglichen anderen Aspekt menschlichen Daseins bestellt. Die Dualität, oft missverstanden und verflucht, ist Gottes heiliges Geschenk der Erkenntnis an den Menschen und der größte Segen, den diese Erfahrungsebene zu bieten hat.

Wie wir wissen und zu wiederholen nimmer müde werden, ist Gott Liebe. Die Liebe aber – und nur die Liebe – steht außerhalb der Dualität. Da nur Gott selbst über der Dualität steht, kann es auch mit der Liebe nicht anders sein. Liebe steht, auch in dieser Welt, außerhalb, oder besser gesagt, über der Dualität. Liebe steht über jedem geistigen Gesetz.

Liebe befolgt keine geistigen Gesetze. Liebe erschafft die geistigen Gesetze. Liebe ist dieses Gesetz! Und so ist es denn auch und gerade in dieser Welt so, dass nur Liebe kein Gegenteil hat und haben kann.

Liebe hat kein Gegenteil.

Wie könnte es anders sein, da Gott selbst kein Gegenteil hat. Nichts gibt es, was nicht Teil wäre von Alles-was-Ist. Was kein Außerhalb hat, kann kein Gegenteil haben.

Wir haben uns in unseren vorangehenden Botschaften ausführlich mit dem Wesen der Angst beschäftigt und verweisen in diesem Zusammenhang gerne sowohl auf das entsprechende Kapitel in Band I *Des Menschen Wunsch und Gottes Wille* als auch auf Band II *Um Gottes willen und um deinetwegen*. Hier haben wir gelernt, dass Angst nicht etwa das Gegenteil von Liebe ist, sondern einfach nur das Nicht-Gewahrsein ihrer Allgegenwart. Diese Unterscheidung ist von fundamentaler Bedeutung und hat immer großes Erkenntnispotenzial im Gepäck.

Da also nur Liebe über der Dualität steht, kann auch nur Liebe das Mittel der Wahl sein, wenn es um Aussöhnung, Heilung und Erkenntnis geht. Was, wenn nicht Liebe, könnte jemals in der Lage sein, die Einheit hinter der äußeren

Fassade scheinbarer Trennung sichtbar zu machen? Willst Du die Wirklichkeit der Dinge erschauen, den wahren Geist und die Seele in allem und jedem, dann musst Du mit Liebe auf die Dinge sehen. Der Falkenblick der Liebe lässt Dich Dinge sehen und erkennen, die demjenigen verborgen bleiben, der da glaubt, den Dingen ohne Liebe auf den Grund gehen zu können. Da die Liebe selbst der Grund aller Dinge ist, bleibt dieses Unterfangen ewig so unmöglich wie absurd.

»Eine mathematische Wahrheit ist an sich
weder einfach noch kompliziert, sie ist.«
Emile Lemoine

Die Zahl der Schöpfung

Meine liebe Freundin, mein lieber Freund, die 3 steht für die Einheit von Gott-Vater, Gott-Sohn und Heiliger Geist und im Menschen für Körper, Geist und Seele. Somit steht diese Zahl für die Gesamtheit der Schöpfung schlechthin.

Wir verstehen, dass dies letztlich bei jeder Zahl der Fall ist. Zahlen sind Persönlichkeiten, jede einzelne von ihnen hat ihren ureigenen Charakter und bezeugt das Göttliche in einem anderen, ganz wunderbaren Aspekt seines allumfassenden Seins. Alles-was-Ist ist auch jede Zahl und gerade in der Mathematik offenbart sich Gottes Sein in wundervoller Weise. Die Logik des Universums spiegelt die Logik seines Schöpfers und bringt die herrliche Berechenbarkeit des Göttlichen in ganz wundersamer Weise deutlich zutage.

Gott ist berechenbar,
weil Liebe berechenbar ist.

In Band I *Des Menschen Wunsch und Gottes Wille* sind wir ausführlich auf diese himmlische göttliche Eigenart eingegangen und haben sie beleuchtet. Weil Liebe Selbstzweck ist, will Liebe nichts als lieben. Liebe bringt immer und unfehlbar immer nur sich selbst und damit erneut Liebe hervor. Die Seele der 3 verkörpert die ewige Verbundenheit des Schöpfers, sowohl mit seiner Schöpfung als auch mit seiner Schöpfungsenergie als solche, die nur reine Liebe sein kann.

Was Gott verbunden hat, das kann der Mensch nicht trennen – und mag er noch so tief in die Illusion von Trennung und Angst versinken. Und so sind Gott-Vater, der Schöpfer, Gott-Sohn, die Schöpfung, und Heiliger Geist, die Liebe selbst, sicher und ewig miteinander verbunden, weil sie eine heilige Dreieinigkeit bilden.

Auf irdischer Ebene verkörpert die 3 die Einheit von Körper, Geist und Seele des Menschen. Aufgrund dieser tiefen Verflechtung kann der Mensch sich seines eigenen Seins in der Dreieinigkeit von Körper, Geist und Seele sicher sein und sich geborgen fühlen. Und auch hier gilt das Gesetz: Was Gott verbunden hat, das kann der Mensch nicht trennen.

Da es ein Gesetz der Liebe ist, ist es von ewiger Gültigkeit. An dieser Stelle sei ausdrücklich betont, dass auch der physische Tod diese heilige Dreieinigkeit weder beenden noch bedrohen kann. Liebe ist Omnipotenz. Sie ist Gott selbst und damit die höchste und größte Macht, die es jetzt und ewig geben kann. Wo Liebe ist, kann es keinen Tod geben, dies ist ewig vollkommen unmöglich. Liebe ist Allmacht und Allmacht ist Liebe.

Das, was Ihr den Tod nennt und sich Euch wie ein abruptes und grausames Szenario vom Ende darstellt, ist nichts anderes als der Übergang in eine feinstofflichere Dichte. Leben ist ewig, weil Liebe ewig ist. Wie könnte die Liebe jemals etwas anderes wollen als die Ewigkeit? Wie könnte sie sich mit weniger zufrieden geben? Für die Liebe kann es niemals Hürden, Hindernisse oder gar Grenzen geben. Und so ist auch die scheinbare Grenze zwischen den Dimensionen für die Liebe nicht mehr als ein Wimpernschlag. Es braucht nicht mehr als den sanften Hauch eines winzigen Gedankens der Liebe, um diese scheinbare Grenze zu überwinden. Mehr hat es nie gebraucht und mehr wird es niemals brauchen. Liebe ist stärker als der Tod. Liebe ist. Das genügt, jetzt und ewig!

»Menschengeist und Mathematik
sind so unzertrennlich als
Menschengemüt und Religion.«
Friedrich Wilhelm August Fröbel

Die Zahl des Irdischen

Mein lieber Freund, meine liebe Freundin, die Zahl 4 ist die Zahl des Irdischen. Sie steht symbolisch für die 4 Elemente. Sie steht für Selbsterkenntnis durch aktive Handlung, durch Machen und Tun. Sie steht also für das Erdenleben schlechthin.

Wenn wir in unserer vorherigen Betrachtung festgestellt haben, dass jede Zahl für das Göttliche selbst steht, so ist dies kein Widerspruch. Die Geringschätzung des Erdendaseins zugunsten einer himmlischen Existenz ist ein in spirituellen Kreisen recht weit verbreiteter Irrtum und beruht auf einem tiefen Missverständnis der Dinge.

Wie wir an anderer Stelle bereits sagten: Wer Gott im Himmel sucht, der kann ihn nicht auf Erden finden. Wer Gott im Himmel sucht, der hat ihn auf Erden übersehen. Und vor allem, hat er ihn in sich selbst übersehen. Was glaubt Ihr denn, wo Er ist? Gott ist Allgegenwart, Gott ist überall! Wie im Himmel, so auf Erden. Keinen Ort kann es jemals geben, an dem Gott nicht wäre, ebenso wie es keinen einzigen gottlosen Augenblick geben kann, ist Er doch selbst der Schöpfer von Zeit und Raum.

Und so, wie die Liebe die Illusion des Todes überwindet, so überwindet sie ebenso die Illusion von Zeit und Raum. Liebe ist jenseits von Zeit und Raum, weil sie über den Dingen steht. So ist nur die Liebe in der Lage, die Vergangenheit zu verändern und aufzulösen und die Zukunft zu gestalten und zu erschaffen. Liebe ›spielt‹ sozusagen mit der Illusion von Zeit und Raum und sie tut dies wahrlich meisterhaft und virtuos. Schmerzliche Erfahrungen der Vergangenheit lösen sich im Angesicht der Liebe in Luft auf und finden Erlösung. Und so vergeht der Schmerz der Vergangenheit, als sei er nie gewesen. Wohin geht der Schmerz, wenn er nicht mehr schmerzt?

Er ist nicht mehr! Was in Liebe aufgeht, das ist, als sei es nie gewesen. Vom Winde verwehter Schmerz hinterlässt nichts als Glück. Alles, was bleibt, ist die Energie der Erfahrung, die einer Potenzierung des Glücks gleichkommt. Das ist Leben. Das ist irdisches Sein. Das ist Erdenleben. Das ist Evolution. Das ist Erkenntnis. Das ist die unermessliche Macht der Liebe!

Nunmehr erkennt sich das Licht als Licht, denn es weiß, was Schatten ist. Die Weisheit Gottes ist jenseits aller Begrifflichkeiten und kann niemals in Worte gefasst werden. Gleiches gilt für die Liebe: Niemals kann es ein Wort geben, das genügen und ihr gerecht werden könnte. Im Angesicht Gottes muss jede Sprache und jede Begrifflichkeit schließlich versagen. Hier können nur noch demütiges Schweigen und stille Anbetung sein.

»Die Mathematik allein befriedigt den Geist
durch ihre außerordentliche Gewissheit.«
Johannes Kepler

Die Zahl des Lebens

Meine liebe Freundin, mein lieber Freund, symbolisch steht die Zahl 5 für die fünf Sinne des Menschen und somit für das Leben und Erleben als solches. Doch was macht das Leben aus? Wie definieren wir es und worin liegt seine Sinnhaftigkeit?

Wir alle sind uns darin einig, dass das Leben das beständige, ja rastlose Streben nach Glück ist. Die Suche nach Glück und seine ständige Mehrung ist Triebfeder allen Tuns und jeglichen Unterlassens jeder Kreatur. Der Mensch allerdings ist in der Lage, sowohl sein Tun als auch sich selbst zu hinterfragen und infrage zu stellen. Was ist letztlich Glück und wie ist es zu erreichen?

In dieser Fähigkeit des Hinterfragens liegen des Menschen Potenziale zu zielstrebigem und gesteuertem Handeln. Kein Mensch wird ernsthaft in Zweifel ziehen wollen, dass Glück nur über den Weg der Werterfüllung zu erlangen ist, wie auch immer der Einzelne diese Werterfüllung für sich selbst definieren mag. Werterfüllung kann aber nur Selbstwerterfüllung sein.

Jeder Mensch drückt seinem individuellen Leben seinen ganz persönlichen Stempel auf und definiert es durch das eigene Sosein. In gewisser Weise könnte man es so formulieren: Jeder Mensch lebt so, wie er muss, weil er es nur so und nicht anders kann. Das ureigene Sosein des Individuums, seine einmalige Persönlichkeit, legt die Rahmenbedingungen fest und ist entscheidend für jegliches Tun und Unterlassen. Glück mag für uns alle noch die gleiche Empfindung sein, doch die Wege, es zu finden, sind so vielfältig und unterschiedlich wie die Menschen selbst. Die ganz individuellen Vorlieben, Interessen und Talente, ja alle für den Einzelnen typischen Eigenschaften, die ihn ausmachen, sind entscheidend für die Wege, die er einschlägt, um sein ganz persönliches Glück zu finden.

An des Menschen Persönlichkeit entscheidet sich nicht nur wo, sondern vor allem auch wie er sein Glück zu finden hofft und glaubt. So wie der Mensch ist und sich selbst wahrnimmt und definiert, so geht er auch seinen ganz individuellen Weg. Diese unablässige Suche nach Glück bestimmt sein Leben von der Wiege bis zur Bahre.

Im Bewusstsein und in der tiefen Gewissheit um Deine wirkliche Natur und um Dein göttliches Erbe dürfte Dir längst klar sein, dass dieses so heiß ersehnte und angestrebte Glück nur ein Synonym für Liebe sein kann. Jede Kreatur strebt nach Liebe, ungeachtet dessen, inwieweit sie sich dessen bewusst ist. Da der Same Gottes in jedem Menschen ruht und schlummert, kann letztlich auch nur hier Selbstwerterfüllung und somit Glück gefunden werden. In dem Maße, in dem der Mensch zum Bewusstsein dieser göttlichen Tatsache erwacht, kann die Saat Gottes im Herzen aufgehen, keimen, wachsen und schließlich reichlich Früchte tragen.

So ist denn die Selbstliebe, die freudige und vorbehaltlose Akzeptanz des eigenen Soseins, Anfang und Voraussetzung für eine wundervolle und erfüllte Liebesbeziehung mit Deinem Schöpfer wie auch mit Deinem gesamten Lebensumfeld. Nur Liebe von und zu Dir selbst kann jetzt und ewig der Weg sein, der Dich an Dein ersehntes Ziel führt, das das Ziel Gottes für Dich ist, denn nichts weniger als ewiges Glück kann Er für Dich wollen. Was sind für Dich Glück und Erfüllung? Du willst die Illusion von Glück? Dann folge der Spur des Habens. Du willst die Wirklichkeit von Glück? Dann folge der Spur des Seins. Du willst buntes Papier? Dann folge der Spur des Geldes. Du willst ewige Glückseligkeit? Dann folge der Spur der Liebe!

»Das Ergebnis habe ich schon, jetzt brauche
ich nur noch den Weg, der zu ihm führt.«
Carl Friedrich Gauß

Die Zahl der Dualität

Mein lieber Freund, meine liebe Freundin, kommen wir nun zur Zahl 6, der Zahl der Dualität. Der Mensch steht dem Wesen der Dualität naturgemäß mit gespaltenen Gefühlen gegenüber.

Die Tatsache, dass in der irdischen Erfahrungsrealität alles seine zwei Seiten hat, ist für den Menschen mit seiner größten Herausforderung verbunden: mit der Möglichkeit der Wahl und der sich daraus ergebenden Konsequenz, sich ständig mit dem Treffen von Entscheidungen konfrontiert zu sehen.

Wie wir des Öfteren gesehen haben, impliziert dies die Möglichkeit des Irrtums und damit die Wahlfreiheit zugunsten von Angst und Leid. Dieser Umstand macht die Dualität für Euch so ambivalent. Ihr seid gezwungen, Euch ständig neu zu definieren, denn das ist es, was Ihr im Grunde tut, wenn Ihr Entscheidungen trefft. Entsprechend und getreu Deinem Selbstbildnis, das wiederum maßgeblich ist für Deine Weltsicht, wirst Du Dich in einer jeweiligen Situation entscheiden. Dies ist Triebfeder und Motor jeder Entwicklung, denn in dem, was Du nicht bist, erkennst Du, was Du bist.

Ihr lebt und definiert Euch also sozusagen durch das Ausschlussverfahren. Viele Menschen begegnen der Zahl 6, die für dieses Prinzip steht, mit Misstrauen, weil sie sich selbst mit Misstrauen begegnen. Wem es an Klarheit fehlt, wer in Verwirrung ist über sich selbst, der kann sich selbst und seinem Sosein kein uneingeschränktes Vertrauen entgegenbringen. Es darf uns also nicht wundern, dass die Zahl 6 ebenso und in besonderer Weise für die Sexualität des Menschen steht, für sein sexuelles Fühlen und Erleben. In Band I *Des Menschen Wunsch und Gottes Wille* haben wir uns diesem größten und erhabensten Geschenk Gottes an den Menschen bereits gewidmet. Wir verweisen an dieser Stelle gerne auf das entsprechende Kapitel.

Kein anderer Aspekt menschlichen Daseins berührt und bewegt ihn auf so tiefer Seelenebene. Die Vereinigung zweier Menschen, die sich zutiefst lieben, ist sehr viel mehr als die Verbindung der Leiber. Vielmehr ist es eine tiefe Verschmelzung der Herzen, eine Verbindung also, die auf Seelenebene stattfindet. Dies macht die menschliche Sexualität so kostbar und so außerordentlich. Alle Banalisierungsversuche dieser Welt werden daran niemals etwas ändern und können niemals fruchten. Die Sexualität wird im Leben des Menschen – völlig zu Recht – immer einen außergewöhnlichen Stellenwert haben und einen ganz besonderen Platz einnehmen.

Sexualität ist Grenzüberschreitung. Sie ist die Überwindung der Begrenzung des eigenen Ichs in der tiefen Verschmelzung mit dem anderen. Es stimmt im wahrsten Sinne des Wortes, wenn wir sagen, dass sich in dieser Verschmelzung die Herzen berühren und die Seelen verbinden. Wo aber aus Zweien eins wird, da findet immer Heilung statt und tiefe Glückseligkeit schafft sich Raum. Was, wenn nicht die ihr zugrunde liegende Liebe könnte also die Sexualität heiligen? Was, wenn nicht Liebe, könnte sie zum Quell tiefster Freude machen? Wie wir in unseren ersten Botschaften gesehen haben, ist Sexualität das Geschenk Gottes, geboren aus dem Lichte der Einheit. Wo sich zwei Menschen in Liebe verbinden, da ist die Trennungsillusion überwunden. Hier eröffnen sich dem Menschen Welten und Wirklichkeiten, die ansonsten im Verborgenen bleiben. Einheit geht immer mit einem Gefühl tiefer Glückseligkeit einher und wo zwei Menschen in tiefer Liebe zueinander finden, da kommen sie Gott sehr nahe.

Wo das sexuelle Erleben des Menschen auf Liebe beruht, da kann er einen Hauch der Glückseligkeit des Himmels erhaschen. Sexualität ist – im wahrsten Sinne des Wortes – der Himmel auf Erden oder aber sie ist einfach nur das, was Eure Medien so gerne daraus machen.

»Es gibt Dinge, die den meisten
Menschen unglaublich erscheinen,
die nicht Mathematik studiert haben.«
Archimedes

Die Zahl des Wandels

Meine liebe Freundin, mein lieber Freund, die Zahl 7 ist von großer symbolischer Bedeutung. Es sei an die sogenannten 7 christlichen und auch an die 7 himmlischen Tugenden erinnert, die den Menschen seit jeher beschäftigen und in ihren Bann ziehen. Auch wollen wir die Bedeutung der 7 Energiezentren des Menschen, den Chakren, hier nicht unerwähnt lassen.

Die 7 ist die Zahl der Veränderung und steht für den Wandel. Immer da und dort, wo es um Wandel und Veränderung geht, wird es für den Menschen heikel und unangenehm. Der Mensch lebt zumeist nach dem Motto: »Man weiß, was man hat, aber man weiß nie, was man kriegt«, und neigt im Allgemeinen dazu, den Status quo der Dinge erhalten zu wollen. Dies ist aus menschlicher Sicht der Dinge nur allzu nachvollziehbar und legitim.

Der Mensch, der sich seiner selbst wie auch der bedingungslosen Liebe seines Schöpfers und damit seiner sicheren Einbettung in das Leben selbst nicht gewiss ist, kann den Wandel nur fürchten. Wie wir zu betonen nimmer müde werden, ist Gott Liebe. Wie wir ebenfalls lernen und verstehen durften, ist die Liebe selbst in ewiger Ausdehnung begriffen, und dies, obwohl oder eben gerade weil sie sich selbst vollkommen genügt. Diese Ausdehnung, die eines der ewigen und unermesslichen Mysterien der Liebe darstellt, ist die Grundlage jeglichen Wandels und damit aller Veränderung. Das ist Entwicklung, Fortschritt, Evolution.

Wenn wir aber den Wandel mit der Ausdehnung und damit der Mehrung des Liebesbewusstseins gleichsetzen, dann ist ihm augenblicklich der Stachel des Beängstigenden genommen.

Der Mensch fürchtet das Neue,
weil er das Alte nicht versteht.

Da und dort, wo der Mensch sich als Kind Gottes und damit seine göttliche Liebesnatur erkannt hat, da verliert sich jede Furcht vor dem Neuen und Unbekannten. Im Bewusstsein seiner wahren Natur bleibt ihm die Gewissheit seiner allzeit sicheren Einbettung in dieser Liebe. Von hier ausgehend, kann der Mensch sicheren und festen Schrittes vorwärts streben und neuen Gefilden entgegenschreiten.

Wenn Du weißt, wer und was Du bist, was könnte es da noch zu fürchten geben? Liebe kann niemals etwas anderes bezwecken als sich selbst. Da Liebe vollkommen ist, kann sie ewig nur Selbstzweck sein. Was alles ist, kann nichts anderes bezwecken als sich selbst. Und so steht die Zahl 7 gleichermaßen für Überwindung.

Was, wenn nicht Furcht, könnte es zu überwinden geben? Die Furcht selbst ist aber nichts als Irrtum, sie ist nicht mehr als eine winzige Lücke in Deiner Selbstwahrnehmung. Wo die Furcht als Irrtum erkannt ist, da öffnet sich der Mensch augenblicklich für den Wandel, dem er nunmehr ohne Scheu und Angst entgegengehen kann. Ein furchtloser Mensch ist ein abenteuerlustiger Mensch. Er begegnet dem Wandel und der Veränderung mit freudiger Erwartung und vertrauensvoller Zuversicht. Wer die Veränderung in seinem Leben begrüßt, der immer eine Veränderung und Anpassung der Selbstsicht vorausgeht, der begrüßt sich selbst, denn immer und ausnahmslos bist Du selbst Grund und Auslöser jeder Veränderung. Wo das Innen befiehlt, da gehorcht das Außen.

Blindes, unerschütterliches Urvertrauen in die bedingungslose Akzeptanz und Liebe Deines himmlischen Vaters ist das Fundament, auf dem jeder Wandel und jede Veränderung wachsen und gedeihen kann.

»Die Fantasie arbeitet in einem
schöpferischen Mathematiker nicht weniger
als in einem erfinderischen Dichter.«
Jean-Baptiste le Rond d'Alembert

Die Zahl der Unendlichkeit

Mein lieber Freund, meine liebe Freundin, die 8 ist die Zahl des Unendlichen. Aus irdischer Sicht betrachtet, wo alles und jedes einen Anfang und ein Ende haben muss und sich dadurch definiert, ist das Konzept des Unendlichen nur sehr schwer greifbar und muss letztlich ein abstraktes Gedankenkonstrukt bleiben. Doch gäbe es die Unendlichkeit nicht, wäre sie nicht, dann könnte diese Welt kein Wort dafür haben. Die Dinge sind oder aber sie sind nicht.

Unendlichkeit ist nur deshalb vorstellbar und denkbar, weil sie Wirklichkeit ist. Kein Wesen kann jemals sich selbst übersteigen und so beweist sich die Unendlichkeit schon allein durch Deinen bloßen Glauben an dieses Gedankenmodell. Gäbe es sie nicht, niemand könnte über sie nachdenken.

Die Naturwissenschaft hat längst erkannt, dass Zeit ein relatives Phänomen ist und letztlich illusorischen Charakter besitzt. Viel wurde bereits über das Phänomen Zeit gesagt. Wir haben festgestellt, dass das Jetzt, der immerwährende Augenblick, die einzig ›wirkliche Zeit‹ ist, die es gibt und geben kann. Die einzige Echtzeit, wenn beim Begriff Zeit denn überhaupt von ›echt‹ die Rede sein kann, ist das ewige Jetzt. Selbst unter irdischen Bedingungen, wo Du an das Raum-Zeit-Kontinuum gebunden bist, kannst Du letztlich immer nur im Jetzt sein und auch hier ist nur der Augenblick real und wirklich. Wenn Du auch in Erinnerungen der Vergangenheit schwelgen magst oder auch in Gedanken in eine fiktive Zukunft wanderst, so tust Du es doch immer im Hier und Jetzt.

Auch die Relativität der Zeit ist Dir bewusst, denn sie kommt Dir in einem Augenblick der Freude wie ein Wimpernschlag vor und in Zeiten der Sorge und Bedrückung magst Du sie endlos und quälend langsam verstreichend empfinden. Je nach Empfinden und Gemütslage führst Du Dein Leben wie im Zeitraffer oder aber wie in Zeitlupe.

Wir haben an früherer Stelle festgestellt, dass Zeit im Grunde und in Wahrheit nichts weiter ist als eine chronologisch angeordnete Abfolge von Liebeschancen. Dies stimmt in einem sehr realen Sinne. Wenn Du Dich fragst, was die Zeit mit der Liebe zu tun hat, dann hast Du weder das fiktive Wesen der Zeit noch das allmächtige Wesen der Liebe verstanden. Dies muss Dich jedoch nicht schrecken. Die unermessliche Bedeutung der Liebe entzieht sich letztlich jeder Erklärbarkeit und kann im letzten Sinne nicht gelehrt werden.

Liebe kann nicht gelehrt werden,
Liebe kann nur erfahren werden.

Wie wir sagten, überwindet Liebe Raum und Zeit, ja sogar den Tod, der nur eine Illusion von Trennung ist. Liebe überwindet Raum und Zeit in einem sehr realen Sinne. Für die Liebe gibt es weder Entfernungen, die es zu überwinden gäbe, noch zeitliche Begrenzung oder Hürden. Liebe erreicht ihr Ziel immer und unfehlbar, und sie tut dies augenblicklich. Das ist die unendliche Macht der Liebe! Wo Liebe ist, da sind Äonen nur ein Wimpernschlag und Lichtjahre nur ein winziges Schrittchen.

Liebe überwindet und überbrückt Raum und Zeit mit leichter Eleganz, weil sie für die Liebe nicht existieren. Sowohl der Raum, als auch die Zeit, sind aus der Trennungsillusion heraus geboren. Liebe aber überwindet die Illusion von Trennung, weil sie Trennung aufhebt und ad absurdum führt.

Wie wir gesehen haben, ist Liebe in ewiger Ausdehnung begriffen. Da sie sich selbst vollkommen genügt und von ihrem Wesen her vollkommen ist, kann sie nichts anderes wollen. Diese unendliche Ausdehnung der Liebe selbst, ist die Garantie für die Ewigkeit selbst. Liebe ist Ewigkeit und Ewigkeit ist Liebe. Um es mit anderen Worten zu sagen: Die Schöpfung hört niemals auf. Gott selbst hört niemals auf, und so hörst auch Du, sein geliebtes Geschöpf, niemals auf. Sein ist ewig, weil Liebe ewig ist. Und so sind Ewigkeit und Unendlichkeit letztlich zwei unterschiedliche Begriffe für ein und dasselbe.

»Im großen Buch der Natur kann nur lesen,
der die Sprache kennt, in welcher dieses Buch
geschrieben ist, und diese Sprache
ist die Mathematik.«
Galileo Galilei

Die Zahl der Vollkommenheit

Meine liebe Freundin, mein lieber Freund, die Zahl 9 steht für Vollkommenheit. Wie definierst Du sie, die Vollkommenheit? Was bedeutet sie für Dich und wie stellst Du sie Dir vor?

Der Mensch, ja, die ganze Schöpfung strebt nach Vollkommenheit, sucht sie und eifert ihr nach. Das Einzige, was man letztlich logisch und schlüssig über die Vollkommenheit sagen kann, ist, dass sie vollkommen ist. Wie alle Seinsattribute des Göttlichen, so bleibt auch die Vollkommenheit letztlich ein großes Mysterium und entzieht sich jeder Erklärbarkeit.

Jeglicher Definitionsversuch muss letztlich scheitern, weil Denkkonzepte immer einschränkend sind und somit Begrenzung implizieren. Und so ist es mit der Vollkommenheit wie mit der Ewigkeit, beides sind göttliche Eigenschaften, die nicht gelehrt, sondern nur erfahren werden können.

Wie wir gesehen haben, ist Liebe die Wahrnehmung von Vollkommenheit. Vollkommenheit offenbart sich in der Liebe und nur hier kann sie erkannt und in ihrer ganzen Schönheit und Pracht erschaut werden. Was Du mit Liebe anschaust, das erkennst Du in seiner ganzen Vollkommenheit. Ein nächtlicher Sternenhimmel in einer lauen Sommernacht, ein blühender Apfelbaum im Frühling, ein glühender Sonnenuntergang über einer goldenen Herbstlandschaft, das Lachen in den Augen Deines Kindes, das milde Lächeln Deines Geliebten, das alles und unendlich vieles mehr lässt Dich einen Hauch von Vollkommenheit erhaschen.

Es ist nicht etwa so, dass die Liebe Dir diese Dinge vollkommen erscheinen lässt. Vielmehr ist es so, dass der Blick der Liebe Dir die Augen und das Herz öffnet für die diesen Dingen inhärente Vollkommenheit. Wie wir an anderer Stelle bereits festgestellt haben, ist nichts so absurd und fernab jeder Wirklichkeit wie der Glaube dieser Welt, dass Liebe blind mache. Wir aber sagen Euch: Liebe macht nicht nur sehend, Liebe ist die einzig wirkliche Art, die Dinge zu sehen. Alles, was nicht Liebe ist, ist Verblendung und damit Irrtum und Illusion, also Wahrnehmungsverzerrung.

Wenn wir über Vollkommenheit reden, dann kommen und wollen wir nicht umhin, auch über die Deine zu reden. An diesem Punkt mag so manchem von Euch mulmig zumute werden. So wie Liebe der Schlüssel zur Wahrnehmung jeder Vollkommenheit ist, so ist Selbstliebe der Schlüssel zur Wahrnehmung Deiner eigenen. Die Vollkommenheit Deines himmlischen Schöpfers ist Dir Gewähr für Deine eigene. Gott schuf den Menschen zu seinem Bilde, zum Bilde Gottes schuf Er ihn. Blicke mit Liebe auf Dich selbst, so wie Gott mit Liebe auf Dich blickt, und Du wirst erkennen und entdecken, wie Dein himmlischer Vater Dich sieht. Jetzt und ewig!

»Die Mathematik ist eine Art Spielzeug,
welches die Natur uns zuwarf zum Troste und
zur Unterhaltung in der Finsternis.«
Jean-Baptiste le Rond d'Alembert

Die Zahl der Weisheit

Mein lieber Freund, meine liebe Freundin, die 10 ist die Zahl der Weisheit. In unseren vorherigen Botschaften haben wir bereits viel über die Weisheit gesagt.

Liebe ist omnipotent, ist allwissend. Weil die Liebe alles erkennt, ist sie der Weisheit letzter Schluss. Weil die Liebe alles erkennt, ist sie selbst die Weisheit. Liebe ist Weisheit und Weisheit ist Liebe. Weisheit ist sozusagen das Bewusstsein der Liebe oder, anders ausgedrückt, Liebe, die um sich selbst weiß.

Immer da und dort, wo Du aus vollem Bewusstsein liebst, sind Deine Worte und Taten von Weisheit bestimmt. Du magst noch so klug anmutende Worte sprechen, wenn sie nicht aus Liebe gesprochen sind, dann sind sie nicht weise. Dann sind sie, was sie eben sind, einfach ›nur‹ Worte. Nur Liebe vermag Deinen Worten wie auch Deinen Taten die Seele der Weisheit zu verleihen. Es ist die dahinter stehende Motivation und Triebfeder, die die Dinge allzeit zu dem macht, was sie sind. Weisheit wird sich immer für die Liebe entscheiden, weil eben genau das sie zu dem macht, was sie ist.

Kein Mensch war je weise, der nicht die unermessliche Macht, Kraft und Bedeutung der Liebe erkannt hätte.

Somit ist Weisheit weitaus mehr als pure Intelligenz. Weisheit reicht bis in die Tiefen der Seele, weit über die Grenzen des rationalen Verstandes hinaus, weil sie selbst von Liebe beseelt ist. Sie steigt weit über das Wissen hinweg.

Weisheit ist deshalb weise, weil sie weiß, dass es keine Rechnung geben kann, die ohne Liebe aufgehen könnte. Bildlich ausgedrückt könnte man sagen: Die Liebe ist der Joker im Kartenspiel der Weisheit. Ein weiser Mensch ›weiß‹ nicht unbedingt mehr als ein anderer. Das muss er nicht, denn mit der Liebe hat er den größten, stärksten und besten Verbündeten an seiner Seite, den es nur geben kann.

Im blinden Vertrauen auf die Allwissenheit der Liebe selbst weiß der weise Mensch um den allzeit guten Ausgang aller Dinge. Die Wege des Herrn sind unergründlich in ihrer Weisheit und Güte und so sind es die Wege der Liebe selbst, denn sie sind ein und dasselbe. Somit sind wir wieder beim unerschütterlichen Urvertrauen in Gott und seine Liebe. Mehr braucht es an Weisheit nicht, denn mehr Weisheit kann es niemals geben.

Weise Menschen treffen weise Entscheidungen, sie wählen weise, sie reden weise, sie schweigen weise und sie handeln weise. Weisheit erfordert weder Wissen noch Intelligenz. Weisheit erfordert Liebe.

Intelligenz ist immer Intelligenz des Herzens.
Nie gab es eine andere.

Die tiefe Gelassenheit und Selbstgenügsamkeit eines weisen Menschen ist immer augenfällig. Weise Menschen verströmen eine Aura der Zuversicht und sind immer charismatisch. Weisheit ist also untrennbar mit Gottvertrauen verwoben, denn dieses Vertrauen in die Liebe ist die Basis der Weisheit.

Ein wahrhaft liebender Mensch ist immer weise, ein Mensch ohne Liebe ist es nie. Weise Menschen sind glückliche Menschen, denn sie leben im unerschütterlichen Glauben an Gottes Liebe und im Vertrauen auf die Macht und Kraft der eigenen. Weise Menschen haben also allen Grund, ihr Leben in vollen Zügen zu genießen, sind sie doch mit Gott selbst im Bunde. Ein weiser Mensch hat sich die Liebe selbst als unfehlbare Beraterin zur Seite gestellt und so ist Liebe das offene Geheimnis der Weisheit.

»Ich behaupte aber, dass in jeder
besonderen Naturlehre nur so viel eigentliche
Wissenschaft angetroffen werden könne,
als darin Mathematik anzutreffen ist.«
Immanuel Kant

Die Zahl der Spiritualität

Meine liebe Freundin, mein lieber Freund, die Zahl 11 steht für Spiritualität *(lat. spiritus: Geist)*. Es ist nicht ganz einfach, Spiritualität klar zu definieren, verbindet ihr Menschen mit diesem Begriff doch mitunter sehr unterschiedliche Konzepte. Wir kommen den Dingen wohl am nächsten, wenn wir sagen, dass Spiritualität die Suche nach der geistigen, übergeordneten Wirklichkeit hinter den physischen Erscheinungen ist.

Spiritualität ist die Suche nach den geistigen Hintergründen, hinter dem äußeren Schein der Dinge. Damit ist wahre Spiritualität letztlich die Suche nach Sinnhaftigkeit im Allgemeinen und nach der Sinnhaftigkeit des eigenen Seins im Besonderen. Was sonst könnte Urgrund und Triebfeder jeglicher Suche sein?

Die Frage nach dem Sinn des eigenen Daseins ist so alt wie die Menschheit selbst. Der Mensch braucht einen Sinn, er sucht ihn unablässig, und zwar so lange, bis er ihn für sich selbst und sein Leben gefunden hat. Warum ist das so? Die Frage nach dem Warum hinter allen Dingen ist letztlich die Frage nach dem Was. Du kannst die Frage der Sinnhaftigkeit Deines Lebens unmöglich für Dich klären, ohne Dir die Frage nach Deiner eigenen Identität zu stellen. Das eine bedingt und impliziert das andere. Bevor man wissen kann, welchem Zweck die Dinge dienen, muss man wissen, was die Dinge denn da sind. Und so ist es auch mit der Selbstdefinition und der Frage nach dem eigenen Sosein.

Die Frage, wer und was Du bist, impliziert wiederum die Frage nach Deiner Herkunft und Deinem Ursprung. Dem suchenden Menschen scheint es, als wollen die Fragen kein Ende nehmen und in der Tat, ist dem so. Kein Mensch geht auf Erden, der sich diese Fragen nicht stellt, denn sie zu stellen ist Sinn und Zweck seines Vermögens, es zu können. In welcher Weise der Mensch dies auch immer tun mag, ob bewusst, als spirituell Suchender oder unbewusst, durch seine ganz persönliche Art der Lebensführung und Selbstdefinition, bleibt letztlich jedem Menschen selbst überlassen.

Ein spirituell suchender Mensch ist weder besser noch größer als jeder andere. Er ist letztlich noch nicht einmal zwingend der Wahrheit näher. Kein Menschenleben verfehlt je sein Ziel. Wie wir an anderer Stelle bereits sagten, am ›Ende‹ Eures Lebens werdet Ihr Euch nicht fragen, wie viel ihr gelesen oder gelernt habt, sondern einzig, wie sehr Ihr geliebt habt. Das Streben nach Liebe aber, die unablässige Suche nach ihr, ist jedem Menschen zutiefst ins Herz gepflanzt.

Wir alle sind Kinder Gottes, zu seinem Bilde erschaffen und der Wege zu Gott sind da so viele, wie es Menschen gibt. Eines aber ist gewiss: Zu Gott, zurück in unser aller ewige Heimat, führen sie letztlich alle! Jeder Mensch, der jemals in diese Welt auszog, trägt die tiefe Sehnsucht nach seinem Zuhause, seiner himmlischen Heimat, in seinem Herzen. Die Heimkehr in die Glückseligkeit der Einheit mit unser aller Schöpfer ist Ziel, Sinn und Endzweck jedes irdischen Lebens. So ist der Mensch auf Erden letztlich nur auf der

Durchreise. Alle Wege führen zurück zu Gott, weil es keine anderen Wege gibt und geben kann. Der Mensch zog aus, bewusst und gewollt verließ er seine göttliche Heimat, um in der Erkenntnis seiner wahren Natur zurückzufinden zu seinem himmlischen Schöpfer.

Die Erkenntnis, dass er seinen himmlischen Vater nie wirklich verlassen hat, so, wie der Vater den Sohn niemals verließ, und dass jede Trennung letztlich nur Illusion sein kann, sichert dem Menschen ewige Glückseligkeit. Wo, wenn nicht in der ewigen Heimat des Vaters, könnte Glückseligkeit jemals zu finden sein? Wo, wenn nicht in seiner bedingungslosen Liebe, die immer und überall ist, könnte wahres Glück herrschen? Gott hat seine Kinder niemals verlassen. Liebe ist niemals Trennung, wie könnte sie das wollen? Liebe kann immer nur Vereinigung sein. Wie wir wissen, überwindet Liebe Raum und Zeit und so sind wir denn auch hier und jetzt von Gott umgeben und durchdrungen. Die Allgegenwart der Liebe Gottes kennt weder Auszeiten noch Ausnahmen. Gottes Liebe ist immer und überall – für Dich!

»Die Mathematik ist die Wissenschaft
von dem, was sich von selbst versteht.«
Heinrich Heine

Die Zahl des Wachstums

Mein lieber Freund, meine liebe Freundin, die 12 ist die Zahl des Wachstums. In dieser Welt ist Wachstum ein verständlicherweise umstrittenes Konzept.

Jeder Mensch mag mit Fortschritt und persönlichem Wachstum etwas anderes assoziieren. Für die meisten unter Euch sind diese Begriffe untrennbar mit dem Zugewinn an persönlicher Lebenserfahrung verbunden. Wachstum als solches ist Lebenskonzept, die ganze Natur, ja, die gesamte Schöpfung lebt dieses göttliche Prinzip: angefangen von der kleinsten und unscheinbarsten Blume am Wegesrand, die dem Sonnenlicht entgegen wächst, bis hin zum Universum, das in ewiger Ausdehnung begriffen ist. Alles und jedes lebt das Prinzip des Wachstums auf seine ganz spezifische und ureigene Weise, seiner gottgegebenen Natur entsprechend.

Wachstum ist also letztlich nur ein anderes Wort für Selbstwerterfüllung oder, noch besser gesagt, für Selbstverwirklichung. Selbstverwirklichung bedeutet, das zu leben, was Du wirklich bist, also Deiner Natur und Deinem ureigenen Sosein entsprechend. Was das für den Einzelnen immer auch bedeuten mag, immer und unfehlbar ist es dann stimmig, wenn es sich gut anfühlt und zu Deinem Glück beiträgt.

Wie wir vorhin schon sagten, gibt es so viele Wege, wie es Menschen gibt und die Richtigkeit des Weges beweist sich dadurch, dass Du ihn gehst. Kein Leben ist jemals vergeudet oder verfehlt. Scheitern ist in Gottes Schöpfungsplan, der ein Plan der Liebe ist, nicht vorgesehen.

Wenn wir Wachstum und somit Selbstverwirklichung definieren wollen, dann kommen wir – wie könnte es anders sein *(Anm. der Verfasserin: Scherzhaft gesagt.)* – nicht um die Liebe umhin. Da Du Liebe bist, hervorgegangen aus der göttlichen Liebesessenz Deines himmlischen Vaters, kann Wachstum letztlich nur ein Wachstum der Liebe sein. Was, wenn nicht Liebe, könnte es da in Dir geben, das da wachsen kann? Und so kann wirkliches Wachsen und Gedeihen immer nur eine Mehrung der Liebe sein.

Du verwirklichst Dich selbst in der Liebe zu Dir selbst und in der bedingungslosen Akzeptanz Deines eigenen Soseins. Alles andere ergibt sich in der logischen Konsequenz ›wie von selbst‹. Wo Liebe zum Selbst aufblüht, wächst und gedeiht, da sind dem Menschen keine Grenzen gesetzt.

Liebe setzt keine Grenzen,
Liebe löst sie auf!

Wo die Liebe zum Selbst erwacht, da erwacht auch das Bewusstsein der Liebe Gottes für Dich. In der unumstößlichen Gewissheit um seine Liebe wird Dein Leben zum freudigen Tanz mit Dir selbst und Deiner ganzen Umwelt. Hier erwachen Lebensfreude und Abenteuerlust und schwingen Dich in ungeahnte Höhen.

In der Liebe zu Dir selbst wird der Angst vor Dir selbst und damit vor Wachstum und Veränderung der schmerzliche Stachel genommen. Anders als Angst, die immer Starre und Stillstand hervorbringt, ist Liebe immer von Wachstum und

Entwicklung begleitet. Es liegt im ureigenen Wesen der Liebe, dass sie niemals rastet und ruht. Liebe ist niemals wirkungslos. Sich selbst vollkommen genügend, ist sie doch selbst in ewiger Ausdehnung begriffen. Wo sich die Liebe zum Selbst über Dich ergießt, da werden Wunder möglich und da geschehen sie.

»Wer die erhabene Weisheit
der Mathematik tadelt, nährt
sich von Verwirrung.«
Leonardo da Vinci

Die Zahl des Friedens

Meine liebe Freundin, mein lieber Freund, als letzte Haltestelle auf unserer Reise durch die Welt der Zahlen wollen wir uns der 13 annehmen. Keiner anderen Zahl steht der Mensch mit so viel Ambivalenz, ja sogar mit Misstrauen und Furcht gegenüber. An dieser Stelle ist uns sehr daran gelegen, klarzustellen, dass es so etwas wie ›Unglückszahlen‹ nicht gibt und niemals geben kann. In Gottes Schöpfungsplan, der ein Plan vollkommener Liebe ist, ist so etwas wie Unglück nicht vorgesehen. Welcher Gott könnte etwas so Absurdes wollen und weshalb?

Die Zahl 13 ist die Zahl des Friedens und damit so ziemlich das genaue Gegenteil von dem, was die Furchtsamen unter Euch mit ihr assoziieren. Die Welt sehnt sich nach Frieden, und dies völlig zu Recht, ist Frieden doch im Grunde und in Wahrheit nur ein anderes Wort für Glückseligkeit. Frieden geht immer mit Glück einher und Glück immer mit Frieden.

Nun ist es mit dem Frieden in Eurer Welt nicht weit her und Ihr alle könnt ein Klagelied davon singen. In einer Welt, in der der Mensch hin- und hergerissen ist zwischen halbherziger Selbstakzeptanz und gnadenloser Selbstanklage, kann es nicht anders sein. Wer den Frieden in der Welt will, der muss ihn erst mit sich selbst schließen. Wer Frieden in dieser Welt sehen will, der muss bei sich selbst anfangen, bei sich selbst und mit sich selbst. Die äußere Welt ist der getreuliche Spiegel Eurer inneren.

Meine lieben Freunde, wenn wir nimmer müde werden, die unermessliche Bedeutung der Selbstliebe zu betonen, dann aus gutem Grunde. Dein Blick auf Dein eigenes Ich ist maßgeblich und entscheidend für Deinen Blick auf die Welt. In Gott herrscht allzeit vollkommener Friede, weil Er selbst Liebe ist und nichts als Liebe, sich seiner selbst vollkommen bewusst. Liebe ist der Kniefall des Schöpfers vor seinem eigenen Spiegelbild. Wer sich selbst liebt, der gibt Gott recht. Wer sich selbst liebt, der kniet vor seinem eigenen Spiegelbild, weil er Gott selbst darin erkennen kann. Du liebst Gott? Dann liebe Dich selbst, denn Er hat sich in Dir nicht geirrt. Du liebst Gott? Dann liebe Dich selbst, denn Er hat Dich ihm gleich und zu seinem Bilde erschaffen. Du liebst Gott? Dann gehe hin, schließe Frieden mit Dir selbst und gib Dir selbst freies Geleit durch Dein Leben.

«Wir verstehen die Zahl,
aber nie das Gezählte.»
Blaise Pascal

Der Mensch reift nicht durch das Leid als solches, sondern durch dessen Überwindung.

In diesem Sinne ist es wohl so, dass Menschen, die Leiden gemeistert haben, empathisch, geduldig und liebevoll anderen gegenüber sind. Wer mit seinen eigenen Grenzen konfrontiert wurde und weiß, was es bedeutet, gegen die Wände des Lebens zu rennen, der will und kann auch die Grenzen seiner Mitmenschen achten und nachvollziehen. Ein leidgeprüfter Mensch hat gelernt, sich selbst infrage zu stellen.

Kein anderes Lebensthema ist so emotionsgeladen wie die Frage nach dem menschlich-irdischen Leid. Hier schlagen die Wellen hoch und die Emotionen kochen über. Kein Mensch geht auf Erden, der das Leid nicht kennt, in welcher Form auch immer es sich ihm in den Weg stellt.

Wenn das Leid ›über Dich hereinbricht‹, setzt sich ein sehr komplexer emotionaler und intellektueller Prozess in Gang, der von seiner Grundstruktur her bei jedem Menschen der gleiche ist. In psychologischen Kreisen ist diese geistige Dynamik der Selbstheilung, denn das ist es, worum es geht, als die fünf Phasen der Trauerbewältigung bekannt.

Wenn Ihr einen Augenblick darüber nachdenkt, dann werdet Ihr feststellen, dass jede Art von Leiden mit Trauer und mit der gleichen Dynamik einhergeht, denn des Menschen Leid dreht sich immer um Verlust und Mangel. Diese inneren, psychischen Prozesse der Trauerbewältigung hat jeder von Euch schon häufig durchlebt, ganz gleich, ob es sich um eine schwerwiegende Trauer oder ein geringfügiges Kümmernis handelt. Wenn das Unheil über Dich hereinbricht, wirst Du es in einer spontanen ersten Reaktion erst einmal nicht wahrhaben wollen, Du verleugnest es. In dieser ersten Zeit des emotionalen Schocks ist das Leid viel zu schwer und zu plötzlich, der Schmerz viel zu groß, als dass Du ihm offen begegnen könntest. Die Psyche schützt sich vor einem Zusammenbruch. Indem der Mensch die Realität der Erfahrung rundweg ablehnt, gewinnt er Zeit und einen gewissen inneren Abstand, die bzw. den er braucht, um sich an den Gedanken zu gewöhnen, um die Sache vorbehaltlos ansehen und sich ihr stellen zu können. Man könnte sagen, der Mensch wird vorübergehend ›verrückt‹, um nicht verrückt zu werden.

In einer zweiten Phase wirst Du das tun, was die Psychologen treffenderweise als ›Verhandlungsphase‹ bezeichnen. Du wirst gedankliche Verhandlungen aufnehmen in der verzweifelten Hoffnung, das schmerzliche Schicksal doch noch von Dir abwenden zu können. In dieser Zeit großer innerer Aufruhr verhandelst Du mit denjenigen, die Du als Auslöser der Situation beziehungsweise als jene ansiehst, die Deiner Meinung nach Herr der Lage sind und Einfluss darauf haben: mit Gott, mit Ärzten, mit dem Lebenspartner, mit Deinem eigenen Gewissen usw. Der Schmerz ist jedoch überwältigend und dort, wo die ›Verhandlungen‹ nicht fruchten und keine Wendung zum Besseren bringen, geht der Mensch in einem weiteren Schritt in eine Phase ohnmächtiger Wut.

Niemals fühlt sich ein Mensch hilfloser, einsamer und ungeliebter und nie ist er hartnäckiger gelähmt vor Angst. In dieser Phase fürchtet Ihr ganz bewusst um Eure Zukunft, Euer ganzes Lebensglück, und fühlt Euch, als sei Euer Leben in völliger, elender Sinnlosigkeit versunken. Es ist wie eine ›Umnachtung des Herzens‹ und in diesen Zeiten wird – verständlicherweise – meist auch Gott angeklagt.

Wenn ihm nichts mehr bleibt, dann hofft der Mensch – wieder verständlicherweise – auf ein Wunder. Ausgezehrt und entkräftet von blinder, verzweifelter Wut, fällt der Mensch schließlich in eine Phase der Depression. Doch dies ist keine weise Schicksalsergebenheit in Unabänderliches, denn die schenkt immer inneren Frieden und Gelassenheit. Vielmehr handelt es sich bei dieser Depression um einen Akt der emotionalen Resignation. Der Mensch hat sich selbst und sein Leben aufgegeben. Es fühlt sich an, als ob er sein ganzes Leben auf den Müll werfe. Diese Depression ist wie ein emotionales Koma und wirkt energetisch aufladend. Der Mensch braucht diese Zeit völligen inneren Rückzuges, um die Erfahrung zu integrieren und schließlich in einem fünften Schritt anzunehmen.

Schließlich wird er, getragen von der Akzeptanz des Status quo, neue Perspektiven suchen, neue Möglichkeiten ausloten und sich neu orientieren. Diese Phasen sind unumgänglich, solange Ihr auf einer dualen Erfahrungsebene lebt. Wie Ihr seht, zäumen wir gewissermaßen das Pferd von hinten auf, wenn wir Euch ans Herz legen, Euer Leid zu akzeptieren. Dies tun wir aus dem einfachen Grunde, weil nichts Leid so sehr entschärft, entkräftet und verkürzt wie seine Akzeptanz.

Da und dort, wo Ihr leidet, in welcher Phase auch immer, ist der Schmerz das größte Problem. Der Schmerz aber entsteht durch die Abwehr und Ablehnung der Erfahrung. Mit anderen Worten: Das Schmerzhafte am Leid ist das Nichtwahrhaben-Wollen des Leids als solches.

Wer sein Leid akzeptiert, setzt dem Schmerz eine mächtige Grenze, denn durch die Akzeptanz des Leides ist dem Schmerz sein spitzester und tiefster Stachel genommen.

Der Schlüssel zur Überwindung des Leides liegt also in seiner Akzeptanz. Menschen, die Leid gemeistert, also überwunden haben, sind jene, die nicht davor zurückscheuen, sich selbst infrage zu stellen. Hier geht es nicht um Schuldzuweisung oder Selbstbezichtigung, sondern vielmehr um Ursachenforschung und vor allem um die Übernahme von Verantwortung. In einer Leiderfahrung geht es immer um höchst schöpferische Lebensprozesse.

Gerade in diesen Zeiten solltet Ihr Euch selbst nicht im Stich lassen, sondern die Verantwortung für Euer Leben übernehmen. Wer eigenverantwortlich lebt, hat den Machtvorteil ganz und gar auf seiner Seite. Wenn Du die Verantwortung für alles übernimmst, was Dir auf Deinem Lebensweg widerfährt, zermürbst Du Dich nicht in blinder, sinnloser Wut gegen ein ungerechtes Schicksal, einen erbarmungslosen Gott oder Menschen, die Dir übel mitspielen.

Wer eigenverantwortlich lebt, der denkt und handelt lösungsorientiert! Der Verlauf der Dinge und Ereignisse als solcher mag nicht immer bewusst in Deiner Hand liegen, doch wie Du die Dinge erfährst, empfindest und meisterst, liegt immer in Deiner Hand. Es mag insbesondere im Anblick großer Leiderfahrung geradezu banal klingen, wenn wir Euch sagen, die Dinge sind immer auch das, was Ihr daraus macht, und doch ist es so. So oft und massiv die einen oder anderen von Euch sich in diesen schmerzlichen

Zeiten der Herzensnot auch von Gott verlassen fühlen, nie seid Ihr es weniger als in diesen Augenblicken.

Ihr kennt Euren Lebensplan nicht und im bewussten Vertrauen auf die Weisheit Gottes, Euch selbst und das Leben könnt Ihr in diesen Zeiten auf die Sinnhaftigkeit allen Geschehens bauen. Gottvertrauen bedeutet nicht, darauf zu hoffen, dass die Dinge die Wendung nehmen, die wir wünschen, sondern darauf zu vertrauen, dass die Dinge sinnvoll und gut sind, ungeachtet des Ausganges, den sie nehmen.

Jede Wendung und jeder Ausgang sind gut. Aus Sicht der ewigen Wirklichkeit betrachtet gibt es keine bösen und tragischen Wendungen und Schicksale, es gibt nur solche, die Ihr nicht versteht. Der scheinbare Fluch führt immer und unfehlbar zum Segen.

»Wer seinem Leid nicht widerstrebt,
ihm weder Wut noch Angst hinzufügt,
der begrenzt es.«
Regulus

Habe Verständnis für Dich selbst

Meine liebe Freundin, mein lieber Freund, die zweite Empfehlung lautet: »Habe Verständnis für Dich selbst und übe Nachsicht mit allem, was Dich an Dir stört.«

Solltest Du in einer ersten, spontanen Reaktion darauf sagen, dass es doch das ist, was Du tust, dann horche in Dich hinein und erforsche Dich erneut. Es wäre höchst lehrreich und zu Deinem großen Vorteil, wenn Du Dich dazu entschließen würdest, Dir einen einzigen, ganzen Tag Zeit zu nehmen, um nichts anderes zu tun, als Dich selbst zu beobachten und zu erkunden, wie Du zu Dir selbst stehst und mit Dir umgehst. Stehst Du in einem freundschaftlichen, verständnisvollen und nachsichtigen Verhältnis zu Dir selbst?

Wir legen Dir ausdrücklich ans Herz, es wirklich zu tun: Widme einen einzigen Tag in Deinem Leben nichts anderem als der Selbstbeobachtung. Tue nichts anderes, als Du gewohnheitsmäßig tust, ändere nichts an Deinem Verhalten und kontrolliere, verleugne oder verurteile weder Deine Gedanken noch Deine Handlungen – beobachte einfach nur und handele nicht. Am Abend dann, wenn Du diesen ›Beobachtungstag‹ bewältigt hast – möglicherweise schweißgebadet *(Anm. der Verfasserin: Scherzhaft gesagt.)* –, wirst Du erstaunt sein, wie sehr, wie oft und mit welch spontaner Selbstverständlichkeit Du Dich selbst verurteilst. Ihr alle beklagt den Umstand, dass Menschen miteinander so hart ins Gericht gehen und Ihr alle leidet darunter, denn es gibt kaum jemanden, der des anderen Urteil nicht fürchtet. Dabei überseht Ihr, wie sehr Ihr es Euch doch selbst antut und kaum je Nachsicht mit Euch selbst übt. Dabei fällt das Faktum, dass Ihr Euch doch selbst am besten kennt, besonders tragisch ins Gewicht. Wo also solltest Du mehr Verständnis und Nachsicht erwarten können und dürfen als bei Dir selbst?

Wenn Du jedoch denkst, eben aus diesem Grunde sei besondere Strenge, Härte oder Unnachgiebigkeit Dir selbst gegenüber angebracht, dann hast Du einen wahren Abgrund an Selbstablehnung, ja sogar Selbstverachtung aufgetan und erkannt. Im wahren Selbstverständnis bist Du Dir selbst treuer Gefährte und Begleiter auf Deinem Lebensweg.

Nachsicht und Selbstverständnis
sind emotionale Umarmungen.

In der Nachsicht mit Dir selbst und Deinem eigenen Sosein nimmst Du Dich selbst wiegend in die Arme. Dies kommt nicht nur Deinem inneren Kind zugute, sondern ebenso dem mündigen und reifen Erwachsenen, der es gelernt hat, für sich selbst, seine Belange und Interessen einzustehen und sich selbst zu geben, was er braucht.

Jeder Einzelne von Euch ist eine völlig eigenständige, Persönlichkeit, die es nur einmal so gibt und nicht anders. Infolge Deines ureigenen Gepäcks an Lebenserfahrungen siehst Du alle Dinge aus Deinem ganz persönlichen Blickwinkel. Der Mensch ›funktioniert‹ über emotionale Assoziationen, also über an gewisse Erfahrungen gebundene gefühlsmäßige Erinnerungen. Dies führt zu dem Schluss, dass es niemals in Dir grundlose, unpassende, unangemessene oder ›böse‹ Gedanken und Gefühle geben kann, denn nichts entsteht grundlos und ohne Ursache in einem ›luftleeren Raum‹. Du bist sozusagen ein ganz einzigartiges Konglomerat von Gedanken und Gefühlen, das ›Resultat‹ einer gelebten Ewigkeit.

Wenn aber doch jedes Menschenwesen einmalig und einzigartig ist, wie kannst Du Dich da noch verurteilen? An wem könntest Du Dich messen, mit wem oder womit Dich vergleichen?

Übe Nachsicht mit allem, was Dich an Dir stört,
vor allem aber übe Nachsicht mit der Tatsache,
dass es Dinge gibt, die Dich an Dir stören.

Wir haben in unseren ersten Botschaften sehr viel über das Ego gesprochen. Wie wir gesehen haben, will das Ego immer ›gut‹ sein und ist stets darum bemüht, sich zu verbessern. Wie wir auch gesehen haben, kann es nur da und dort ›Bemühungen zum Besserwerden‹ geben, wo an die eigene grundlegende Verderbtheit oder Unzulänglichkeit geglaubt wird. Worauf sollte sich ansonsten jedes Bemühen um Verbesserung stützen?

Im begierigen Eifer, ein besserer Mensch werden zu wollen und all das in Euch auszumerzen, was Ihr verurteilt, stärkt Ihr nicht ›das Gute‹, sondern die Selbstverachtung und den Glauben an Eure Unzulänglichkeit. Wer unbedingt gut sein oder werden will, der macht sich selbst völlig blind für die Tatsache, dass er gut ist. Warum sonst sollte er es werden wollen? Ego ist nichts anderes als dieser Glaube an Unzulänglichkeit und Wertlosigkeit. Es kann niemals überwunden werden mit Selbstverurteilung, Strenge und Unnachgiebigkeit, sondern nur mit Liebe. Selbstliebe heilt das Ego, weil sie die Wahrnehmung des Ego und damit den Blick auf sich selbst korrigiert. Das Ego kann man nicht ›weghassen‹, man kann es nur ›gesund lieben‹. Wer mit unnachgiebiger Härte und verständnisloser Strenge gegen sich selbst vorgeht, versucht schlussendlich, den Teufel mit Beelzebub auszutreiben – und das kann niemals gelingen.

So ehrenwert Dein angestrebtes Ziel auch sein mag, wenn Du mit lieblosen Mitteln gegen Dich vorgehst, arbeitest Du immer und ausnahmslos gegen Dich selbst und nie zu Deinem Vorteil. Lieblosigkeit kann immer nur Schaden anrichten. Selbstverständnis bedeutet, Dich selbst in Deinem ganzen Sosein anzunehmen und liebend in die Arme zu schließen. Es impliziert die vorbehaltlose Bejahung Deiner selbst und damit auch Deines ganzen Lebens mit all seinen Höhen und Tiefen, die es Dir beschert hat.

Hellhörig solltest Du da und dort sein, wo Du Dir selbst das Verständnis verweigerst, denn dann bist Du in eine aggressive Haltung Dir selbst gegenüber eingetreten. In rücksichtsvollem Verständnis zollst Du Dir selbst den Respekt, der Dir gebührt. Nachsicht mit den individuellen Eigenheiten ist der erste Schritt auf dem Weg zur wirklichen, tiefen Selbstliebe, denn wo Liebe ist, hat Nachsicht ihren Zweck erfüllt und es braucht sie nicht mehr. Nachsicht ist Schadensbegrenzung! Wer sich nicht auf die Anklagebank setzt, der braucht auch keinen Verteidiger. So ist Nachsicht mit sich selbst die beste Form der Vorsicht, denn wo Nachsicht ist, gibt es auch keine Angriffe auf das eigene

Selbst und damit keine Selbstverletzung. Du kannst und wirst Dich nur dann zum ›Guten‹ entwickeln und verändern, wenn Du einsiehst, dass es diese Veränderung zum Guten nicht braucht, weil Du gut bist und immer schon warst. Das Einzige, was in Dir der Korrektur bedarf, ist Deine Selbstwahrnehmung. In Wirklichkeit ist alles gut und Du bist es ganz gewiss.

»Ohne vollendetes Selbstverständnis
wird man nie andere
wahrhaft verstehen lernen.«
Novalis

Gehe sorgsam mit Dir selbst um

Mein lieber Freund, meine liebe Freundin, gehst Du sorgsam mit Dir selbst um? Bist Du fürsorglich Dir selbst gegenüber? Berücksichtigst Du Dein Sosein in allem, was Du tust?

Ihr alle leidet an einem Defizit an Selbstliebe. Dieses Manko führt mitunter dazu, dass Ihr Euch selbst ›überseht‹. Ihr handelt oftmals ohne Rücksicht auf Eure persönlichen und individuellen Eigenheiten. Wenn dies häufig und massiv geschieht, kann es dazu führen, dass Ihr schließlich im Unklaren über Euch selbst seid und in Verwirrung kommt: Ihr habt eine Art ›Identitätskrise‹. Euer Identitätsgefüge wird aufgeweicht, Eure Persönlichkeit wird verwässert. Mit anderen Worten: Ihr könnt Euch selbst nicht mehr klar definieren, weil Ihr eine unnatürliche Distanz zu Euch geschaffen habt.

Mit der Aufforderung zum sorgsamen Umgang mit Euch selbst meinen wir das Hegen und Pflegen des eigenen Soseins mit all seinen Facetten und Eigenheiten. Es geht sozusagen um die Kultivierung des eigenen Lebens.

Wie wir in unseren früheren Botschaften festgestellt haben, kannst Du Dich nicht selbst lieben, wenn und indem Du Dich lieblos behandelst. Selbstliebe beweist sich im liebenden Umgang mit sich selbst, denn das ist ihre logische Konsequenz. Die Fürsorge, die Du für Dich selbst aufbringst, impliziert immer auch geduldige und leidenschaftliche Selbsterforschung und liebevolles Eingehen auf die eigene Persönlichkeit.

Viele von Euch leben an den eigenen Bedürfnissen vorbei und wundern sich, dass sie nicht glücklich sind. Wo Du Dich selbst nicht ernst und wichtig nimmst, da werden die eigenen Bedürfnisse und Herzenswünsche einfach mit einem flüchtigen Wisch abgetan und hinweggefegt. Wenn Du Dir selbst sorgfältige Fürsorge zugestehst, dann bist Du immer hellwach für Deine eigenen Belange und lässt Dich selbst auch und gerade in schweren Stunden und Krisenzeiten nicht im Stich. Nichts ist so spannend und abenteuerlich wie die Erforschung des eigenen Selbst, nichts so befriedigend und erfrischend wie die zustimmende Anerkennung der eigenen Individualität.

Wie wir alle wissen, kann niemand aus seiner Haut. Eigenliebe ist erst dann wirklich und zutiefst empfunden, wenn Du gar nicht aus Deiner Haut willst. Sensible, konstante Selbsterforschung ist gewissermaßen der Garant dafür, dass Deine Lebensführung auf dem aktuellen Stand der Dinge, sprich Deiner Bedürfnisse bleibt. Eure stetige Persönlichkeitsentwicklung fordert ständige Anpassungen, wenn Ihr stimmig mit Eurem eigenen Sosein leben und bleiben wollt. Im sorgsamen Umgang mit Euch selbst seid Ihr ständig bemüht, die Harmonie zwischen dem Innen und dem Außen zu wahren beziehungsweise wiederherzustellen. Diese Anpassungen sind das, was viele von Euch zu Unrecht fürchten. Wir reden zwar hier von den großen Lebensfragen und Schicksalswendungen, aber ebenso von den kleinen, scheinbaren Nichtigkeiten des Alltagslebens.

Jeder noch so geringfügigen Änderung und Anpassung im Außen geht ein geistiger Entwicklungsschritt voraus.

Wer das Neue und Befremdliche in seinem Leben widerstandslos zulässt, offen bleibt und die Dinge in seinem Leben begrüßt, der wird immer Schritt halten und sich nie überrumpelt oder gar überfordert fühlen.

Sorgsamer Umgang bedeutet stetige Offenheit für Begrüßung wie auch für Abschied. Es liegt in des Menschen Natur, dass er alles Neue erst einmal fürchtet und ablehnt, weil es ihm fremd ist und in ungekannte Gefilde führt. Ihr fürchtet in diesen Zeiten um den sicheren Boden unter Euren Füßen. Dieser Ablehnung liegt logischerweise ein Vorurteil gegenüber allem Neuen zugrunde.

Wenn die Dinge neu, fremdartig und unerwartet sind, denkt Ihr meist erst einmal, die ganze Sache habe wohl kaum etwas mit Euch zu tun. Es fühlt sich an, als ob der Postbote Euch irrtümlicherweise ein Paket zustellt, das für jemand anderen bestimmt ist. Doch was in Dir, mit Dir und um Dich herum geschieht, das hat mit Dir zu tun. Der ›göttliche Paketdienst‹ kennt keine Fehlzustellungen. *(Anm. der Verfasserin: Scherzhaft gesagt.)* Fürsorge für Dich selbst berücksichtigt gleichermaßen den Erhalt und die Pflege von Altbewährtem und Geliebtem wie auch die Bereicherung durch die Akzeptanz von Neuem.

In dieser dualen Welt scheinen die Dinge oft ganz anders, als sie wirklich sind. Was wie Verlust anmutet, ist in Wirklichkeit Bereicherung, denn Gott gibt immer nur Geschenke. Sorgsamer Umgang mit sich selbst bedeutet immer auch die Vermeidung von Überforderung. Ihr überfordert Euch ständig, weil Ihr Euch zu wenig zugesteht von alledem, was Ihr braucht und wollt. Im Nachhinein verpufft dann Eure ganze Energie in dem sinnlosen und destruktiven Bemühen, das Leben so zu ertragen, wie Ihr es Euch geschaffen habt, Energie, die der Lebensfreude zur Verfügung stehen sollte.

Energie, die in Glück, Liebe und Freude verausgabt wird, erneuert und vermehrt sich immer vollkommen mühelos aus sich selbst heraus. Sie ist also die wesentlich bessere Investition, physisch wie psychisch. Und nicht zuletzt die ökologischste! *(Anm. der Verfasserin: Scherzhaft gesagt.)*

Wenn es um den sorgsamen Umgang mit Dir selbst geht, ist Gottvertrauen ein ganz großes Thema. Kluge Menschen bürden sich nicht alles selbst auf, sie verstehen es, zu delegieren. *(Anm. der Verfasserin: Scherzhaft gesagt.)* Der Kluge, sich selbst Respektierende akzeptiert seine persönliche Grenze der Belastbarkeit und lebt unter ihrer Berücksichtigung. Wenn im Vertrauen auf Gott die Sorge losgelassen wird, entsteht eine innere, emotionale Nische, in die neue Lebenskraft einströmen kann. Wo Du nicht von Furcht und Sorge geschwächt wirst, da bleibt Dein Seelenfrieden und damit Dein höchstes Gut auf Erden unangetastet. Die Wahrung und der Schutz des eigenen Friedens, ungeachtet aller äußeren Einflüsse, ist des Weisen oberste Lebenspriorität.

Je beharrlicher Du dabei bleibst, Deinen inneren Frieden zu wahren, umso weniger wirst Du innere Aufruhr, Angst und Sorge ertragen können, denn Du wirst sie immer weniger ertragen wollen. Wer rücksichtsvoll und sorgsam mit sich selbst umgeht, der kann seine Lebensqualität in ungeahnter Weise steigern. Dort, wo Ihr Euch entscheidet, Eure Sorgen loszulassen, habt Ihr Euch wirklich um Euch selbst gekümmert, denn sich kümmern bedeutet, Kummer vermeiden. Wer Kümmernis und Sorgen von sich fernhält und einen emotionalen Abstand dazu schafft, eröffnet ganz neue Lösungsmöglichkeiten und setzt heilerische Potenziale frei, die einer konstruktiven Lebensführung entgegenkommen. Du entmachtest Sorgen, indem Du Dir keine machst. Wenn ein Schuh Dich drückt, dann ist es der falsche: Wirf nicht den Fuß weg, sondern den Schuh!

»Wenn die Achtsamkeit etwas Schönes berührt,
offenbart sie dessen Schönheit.
Wenn sie etwas Schmerzvolles berührt,
wandelt sie es um und heilt es.«
Aus dem Zen-Buddhismus

Sei Dir treu und lebe Deine Werte

Meine liebe Freundin, mein lieber Freund, die Treue zum Selbst ist in den vergangen Jahren als Lebenskonzept regelrecht in Mode gekommen und wird seither allerorten heiß diskutiert. Im Zuge dieser ›Selbstfindungshysterie‹ *(Anm. der Verfasserin: Scherzhaft gesagt.)* ist dem einen oder anderen von Euch erst bewusst geworden, wie wenig Ihr Euch doch selbst kennt. Nun kann man ›Treue zu sich selbst‹ nur schwerlich definieren, wenn die Identität des eigenen Ich im Unklaren liegt, denn dann stellt sich die Frage: »Treue, wozu?«

Wir haben in unserer dritten Empfehlung über die Selbsterforschung gesprochen und nun begegnet sie uns wieder. Letztlich zieht sich die Selbsterforschung wie ein führender Leitstrahl durch alle Empfehlungen der Liebe, denn sie impliziert Eigenverantwortlichkeit. Wer aber eigenverantwortlich handelt, der beweist sich selbst sowohl Handlungsfähigkeit als auch den Willen dazu. Die aktive Übernahme der Verantwortung in Deinem Leben ›entlastet‹ sozusagen Dein Schicksal und damit letztlich Dich selbst.

In der Annahme Deiner Verantwortung für Dein Leben ermächtigst Du Dich selbst, ihm die Richtung und Wege zu eröffnen, die Du gehen willst. Mit anderen Worten: Ein eigenverantwortlich lebender Mensch muss weniger Sackgassen in seinem Leben gehen. Du wirst also weitaus seltener wieder ›bei Null anfangen‹ und Dich neu orientieren müssen. Aber die Übernahme der Verantwortlichkeit in Deinem Leben hat noch einen weiteren, sehr erfreulichen Aspekt. Sie stärkt das Selbstbewusstsein, die Selbsterkenntnis und vor allem das Selbstvertrauen.

Solange Du in Deinem Leben ganz konkret und wirklich erlebst, dass Du es in Deiner eigenen Hand hast, Deine Geschicke zu leiten, wirst Du nie den Mut und das Vertrauen verlieren. Du fühlst Dich stark und kreativ und nicht einem willkürlichen Schicksal ausgeliefert, dem Du nichts entgegenzusetzen hast. Eigenverantwortliche Menschen werden im Laufe ihres Lebens immer weniger ängstlich und immer seltener fühlen sie sich in der Opferrolle.

In Deinem eigenen Leben bist Du selbst der Kapitän und stehst am Ruder. Mit jedem noch so geringfügigen Akt der Eigenverantwortung stärkt sich Dein Gefühl der Handlungsfähigkeit und des Mutes. Außerdem macht das Leben als solches sehr viel mehr Freude, wenn es selbstverantwortlich empfunden und geführt wird. Echte Lust an der Macht liegt tief im Herzen des Menschen. Ihr alle habt von Natur aus Lust an der Macht über das eigene Leben, weil Ihr als Menschen schöpferische Wesen seid.

Jedem Menschen wohnt eine tiefe Kreativität inne und sein wichtigstes und größtes Kunstwerk ist die Gestaltung des eigenen, persönlichen Lebens. Deshalb ist es von so fundamentaler und grundlegender Bedeutung, dass Du Dir selbst treu bist und es auch dann noch bleibst, wenn andere Dir in Deinem Sosein ihre Treue verweigern. Wenn wir die ›Treue zum Selbst‹ in wenigen Worten definieren wollen, sehen wir, dass viele unter Euch verschiedene Konzepte und Meinungen von der Treue haben. Wie wir im Kapitel über die Treue als Tugend der Liebe bereits gesehen haben, wird unter dem Begriff ›Treue‹ sowohl viel Sinnvolles als auch Unsinniges verstanden.

Treue Dir selbst gegenüber bedeutet einfach, in Einklang mit Dir selbst zu leben.

Es bedeutet, die Dinge in der Art zu tun und zu unterlassen, wie Du damit aus tiefstem, ehrlichem Herzen einverstanden bist. Dir selbst treu sein bedeutet, Dich selbst kompromisslos ernst zu nehmen und dementsprechend abzuwägen, zu entscheiden und zu handeln. Es sei übrigens am Rande wiederholt, dass es ganz wunderbar ist, wenn Ihr Euch ernst genug nehmt, um Euch auch einmal nicht ganz ernst zu nehmen. *(Anm. der Verfasserin: Scherzhaft gesagt.)* Nichts fördert das Selbstverständnis und die Eigenliebe so sehr wie die Treue zum eigenen Ich.

In dem Maße, in dem Deine äußeren Handlungen stimmig sind mit Deiner Innenwelt, lernst Du Dich tiefer und besser kennen. Dein ›Kunstwerk Leben‹ kann sich nie besser und schöner entfalten, denn in den Folgen und Konsequenzen Deiner Handlungen lernst Du, wohin Dein Sosein führt und was es mit sich bringt – für Dich selbst wie auch für Dein Lebensumfeld. Das sind gelebter Selbstausdruck und lebensbejahende Selbsterkenntnis!

Ein weiterer, nicht zu unterschätzender Vorteil der Treue zum Selbst ist der daraus erwachsende Stolz. Wenn Ihr Euch selbst wichtig nehmt und konform mit Eurem Charakter lebt, spürt Ihr Euer eigenes Sein in seiner ganzen Deutlichkeit und Präsenz. Eure ganze Lebensenergie ist mobilisiert und Ihr fühlt Euch wie unter einer erfrischenden und belebenden Dusche.

Jeder Einzelne von Euch hat wahrhaft allen Grund, stolz auf sich selbst zu sein, folglich auch Du, denn nur Du kannst Dein Leben leben und nur Du kannst es in dieser ganz persönlichen und hochspezifischen Art und Weise tun. Es ist sozusagen die völlige Exklusivität Deines Lebens, die Dich stolz macht und stolz machen darf. In Gottes Ozean gibt es keine unwichtigen Tropfen. Jedes einzelne Menschenleben ist ein komplexes Gesamtkunstwerk, dem Achtung, Respekt und Ehre gebührt und Du selbst bist es, der sie sich als Erster zugestehen sollte. Jedes Menschenleben ist ein perfektes Einzelstück, ein absolutes Unikat, und nötigt sogar den Engeln größten Respekt ab. Sich selbst die Treue zu halten bedeutet unbedingt, seine ureigenen Werte zu leben.

Ihr könnt nicht einerseits behaupten, dass Ihr Euch treu seid, und andererseits Eurer Persönlichkeit in ihrer Individualität den Ausdruck verweigern. Nur Du selbst kannst Dich ›ausleben‹, kein anderer kann an Deiner Stelle leben und handeln. Was Du tust, das ist getan, und was Du nicht tust, das ist nicht getan. Und wenn ein anderer das Gleiche tut, hast noch lange nicht Du es getan, denn niemand ›lebt an Deiner statt‹. Mit anderen Worten: Du bist unersetzbar!

Du bist von Geburt an ermächtigt, Dich selbst auszudrücken, so wie Du bist, ob in der einzelnen, besonderen Tat oder in der millionenfach kopierten. Was auch immer Du tust, wie auch immer Du Dich in dieser Welt definierst und manifestierst, nur Du kannst sagen: »Es ist durch mich getan!« Wenn Du Dir selbst die Treue hältst, dann bist Du auch dann noch vollkommen integer, wenn Du im Irrtum bist. Du kannst immer nur im Hier und Jetzt sein und handeln. Was Du heute für richtig hältst, kann sich schon morgen als Irrtum herausstellen. Wenn Ihr integer und eigenverantwortlich leben wollt, solltet Ihr die Möglichkeit des Irrtums nicht scheuen, denn er führt immer und unfehlbar zur Wahrheit.

Ein eigenverantwortlicher Mensch, der sich selbst die Treue hält, entzieht sich selbst angesichts eines Irrtums nicht die Liebe und das Vertrauen. Vielmehr ist er dankbar für die Enttarnung des Irrtums und nimmt die notwendige Richtungskorrektur vor. Hier ist kein Platz für Schuldgefühle, denn der Mensch hat in jedem Augenblick so gehandelt, dass er vor sich selbst bestehen kann. Aus Irrtum erwächst die Erkenntnis der Wirklichkeit: Das ist Evolution!

Wenn Ihr Euch selbst treu seid, lebt Ihr in einem sehr angenehmen Zustand innerer Klarheit. Je größer die Selbstliebe und die innere Klarheit, umso selbstverständlicher werdet Ihr Euch selbst die Treue halten und Eure Werte leben. Wer aber seine Werte lebt, der führt immer ein erfülltes, beglückendes Leben, denn er fühlt nie die Verzweiflung und Einsamkeit dessen, der sich selbst im Stich lässt und sein Innerstes verleugnet.

Immer wenn Ihr in dem Glauben gefangen seid, Eure Werte opfern zu müssen ›zugunsten‹ irgendwelcher fiktiven Vorteile, seid Ihr im Irrtum. Man kann keine Werte ›opfern‹, man kann nur sich selbst opfern. Manche unter Euch mögen glauben, es gehören Skrupellosigkeit und rücksichtslose Lebensführung dazu, wenn ein Mensch sich selbst und damit auch seinen Werten treu ist. Nichts ist weniger wahr als das! Sich selbst treu sein bedeutet ganz sicher nicht, für seine Ziele über Leichen zu gehen, denn wer über Leichen geht, geht immer zuerst über seine eigene. Wenn Du dies glaubst, lehrt Dich das, dass Du an tiefe, dunkle Abgründe in Dir selbst glaubst und sie fürchtest.

Niemand ist so rücksichtsvoll, milde und friedfertig wie ein Mensch, der seinem Gewissen folgt, denn in ihm gibt es keinen inneren Widerstreit, keine Widerstände, keinen Konflikt mit sich selbst. Wo keine Disharmonie und keine inneren Zwistigkeiten herrschen, da kommt es niemals zu zerstörerischer Rücksichtslosigkeit oder gar blindem Fanatismus.

Wer den Mut, die Reife und die menschliche Größe hat, den Irrtum zu wagen, wird auch die Größe und Reife haben, ihn einzugestehen und somit zur Wahrheit zu finden. Der Mensch neben ihm aber, der wie gelähmt vor Angst vor einem Fehltritt keinen einzigen Schritt mehr tut, bleibt weit hinter demjenigen zurück, der den Mut, die Reife und die menschliche Größe hat, den Irrtum zu wagen, und erreicht gar nichts. Er verfällt in einen Zustand lähmender, lebensfeindlicher Stagnation, der zwar nicht zum Irrtum, aber eben auch nie zur Wahrheit führen kann. Das ist Leben, ohne zu leben, und das sind Menschen, die Mensch sein wollen, ohne menschlich zu sein.

Diejenigen unter Euch Menschen, die auf der Suche nach ihren Werten und deren Ausdruck viel und oft geirrt haben in ihrem Leben, sind jene, die zu den größten Wahrheiten gefunden haben. Sei Dir selbst treu und beweise Reife für den Irrtum. Wer reif ist für den Irrtum, ist auch reif für die Wahrheit. Und wer gestern noch die Illusion lebte, kann heute schon die Wirklichkeit leben.

Liebe Dich mit aller Gewalt

Mein lieber Freund, meine liebe Freundin, die Aufforderung und Ermutigung zur Selbstliebe ist die Kernbotschaft all unserer Botschaften und Gespräche. Wenn auch in allen zwölf Empfehlungen die Rede von Eigenverantwortung ist, so tritt sie nirgends deutlicher zutage als in diesem fünften Gebot: »Liebe Dich selbst mit aller Gewalt – mit aller Gewalt, die Du Dir selbst antust.«

Wenn dieser Aufruf aus unseren früheren Aufzeichnungen wiederkehrt, dann weil er von zentraler Bedeutung ist und gar nicht oft genug wiederholt werden kann. »Liebe Dich selbst mit aller Gewalt« ist der Aufruf zu bedingungsloser Selbstliebe. Es ist die eindringliche Aufforderung, Dich trotz Deiner Schwächen, Ängste, Schuldgefühle und Selbstzweifel ohne Wenn und Aber zu akzeptieren, zu respektieren und zu lieben. Was Euch allen oft nicht bewusst ist: Wer sich nicht liebt, so wie er ist, der liebt sich gar nicht. Es gibt Dich nur so und nicht anders.

Wenn Du Dich anders wünschst, als Du bist, und Dich nur so, in dieser anderen ›Version‹ Deiner selbst, lieben willst, dann liebst Du ein Phantom, eine irreale Idee Deiner selbst, eine Fantasiegestalt. In Deiner wahnhaften Idee von Liebe machst Du Dich selbst gewissermaßen zu einem Fabelwesen. Immer da und dort, wo Ihr Euch selbst Liebe und Anerkennung verweigert, tut Ihr Euch Gewalt an. Was könnte es Gewaltsameres geben als Liebesentzug, Zweifel, Angst, Härte und unerbittlich übersteigerte oder unrealistische Anforderungen. Die Tatsache, dass Ihr Euch diese Qualen selbst antut, macht den Gewaltakt noch tragischer und meißelt ihn sozusagen in Stein. Und das in Eurem eigenen Herzen!

Bezichtigung und Verurteilung, die aus dem Selbst kommen, sind deshalb so tragisch und schwerwiegend, weil Ihr Euch kaum selbst den Glauben entzieht und diese Vorurteile nur selten infrage stellt. Der Mensch rückt im Allgemeinen nur sehr ungern von seiner ihm wohlbekannten und vertrauten Selbstdefinition ab. Das niederschmetternde Urteil, das ein anderer über Dich verhängt, magst Du noch vor Dir selbst widerlegen und abschmettern können, doch kaum Dein eigenes.

Es fehlt Dir nicht an besonderen Fähigkeiten, Qualitäten, Talenten oder bestimmten Eigenschaften, es fehlt Dir ausschließlich am Bewusstsein, dass Gott Dich vollkommen und aller Liebe würdig schuf, so wie Du bist. Wer die Dinge – und damit auch sich selbst – so nimmt und liebt, wie sie sind, kultiviert sein Gespür für die Herrlichkeit Gottes und die Genialität seines Schöpfungsplanes. Die Vollkommenheit von Alles-was-Ist offenbart sich dem, der sie anerkennt, sucht und sehen will in all ihrer Schönheit und Pracht. Dein freier Wille ist und bleibt ewig unangetastet. Dies verbürgt und ermöglicht Dir völlige Freiheit der Selbstwahrnehmung.

Wenn Du jedoch die ganze Wahrheit über Dich selbst erkennen und erfahren willst, musst Du Dich mit Gottes Augen ansehen. Nur der vollkommene Blick der Liebe kann Dir Deine göttliche Wirklichkeit offenbaren. Gott sieht in

Dir nichts als Schönheit, Liebe und Vollkommenheit, denn nach seinem Bilde schuf Er alles, was ist.

All Dein Lebensglück steht und fällt mit Deiner Selbstsicht, mit Deinem Glauben über Dich selbst.

Hier hast Du alle Fäden in der Hand, denn es steht Dir vollkommen frei, wie Du Dich sehen willst. Du übernimmst die volle und uneingeschränkte Verantwortung für Dein Glück, wenn Du es Dir nicht erlaubst, dunkle Schatten der Selbstverurteilung auf Dein Licht fallen zu lassen. Wenn Du in Deiner Selbstliebe ebenso rigoros wie kompromisslos bist, stellst Du mächtige Weichen für Dein ganz persönliches Lebensglück und schließlich auch für all Deine Mitmenschen. Wer sich selbst liebt, der kann auch Liebe schenken in Hülle und Fülle.

Was ist es denn, was der Eigenliebe im Wege steht? Was lässt Dich immer wieder an Dir selbst zweifeln? Diese Frage kannst Du nur befriedigend beantworten und klären, wenn Du Deine Beziehung zu Deinem Schöpfer klärst. In dem klaren und zweifelsfreien Wissen um die Allmacht und Vollkommenheit Gottes, der Dich nach seinem Bilde schuf, vergehen alle Selbstzweifel wie Schnee in der Sonne.

Wäre Gott nicht Liebe, woher könnte sie kommen und in Dir sein? Und wärst Du nicht Liebe, wie könntest Du Dich so schmerzlich und tief nach ihr sehnen, von Deinem ersten bis zum letzten Atemzug? Liebe ist das Maß aller Dinge, weil Gott Maß aller Dinge ist. Messe Dich selbst mit dem Maß Deines Schöpfers, mit der Liebe in Dir, und Du wirst Dir selbst und Deinem Glück näher sein denn je zuvor.

Lehre, was Du lernen willst

Meine liebe Freundin, mein lieber Freund, zum Lernen braucht es Leidenschaft und zum Lehren ebenso. Unsere sechste Empfehlung lautet: »Lehre, was Du lernen willst, und lerne, was Du lehren willst.«

Wir haben in Band I *Des Menschen Wunsch und Gottes Wille* gesehen, dass das Leben keine Schule ist, dass man nichts richtig oder falsch machen kann und dass es keinen strengen Schulleiter gibt, der Euch anschließend prüft. Das Leben als solches ist reiner Selbstzweck und der Einzige, der Dein Leben beurteilt, sowohl während der Inkarnationszeit als auch hinterher, bist Du selbst.

Es geht nicht darum, sich um irgendetwas verdient zu machen oder gar darum, einer Strafe für ein scheinbar gescheitertes Leben und irgendwelche Missetaten zu entgehen. Die Idee vom ›Jüngsten Gericht‹ steckt tief in Euch allen, sie wurde gleichzeitig mit dem Konzept der ›Erbsünde‹ geboren und ist ihre logische Schlussfolgerung.

Das Leben ist, wie wir schon damals sagten, also keine Schule mit permanentem Leistungsdruck im Multiple-Choice-Verfahren. Warum das Lernen wie auch das Lehren dennoch große Themen in jedem Menschenleben sind, liegt einfach daran, dass Ihr lernen wollt. Das Lernen wie auch das Lehren ergeben sich einfach völlig selbstverständlich aus dem Leben selbst. Lernen und Lehren sind nur Synonyme für Selbsterweiterung. Leben bedeutet, Erfahrung erschaffen, sich selbst ausdehnen und ›sich selbst dadurch am eigenen Leibe erfahren‹. Was Ihr erlebt, sind die logischen, natürlichen Konsequenzen Eures eigenen Soseins.

Alle Erfahrung, die Ihr jemals machen könnt, ist also, im Grunde und in Wahrheit, nichts anderes als Selbsterfahrung und somit sich daraus ergebende Selbsterkenntnis. Du wirst nie irgendetwas anderes erfahren und erkennen können als Dich selbst. Es gibt nichts anderes zu erkennen, denn alles, was Du im Außen wahrnehmen kannst, ist Teil Deiner selbst und somit in Dir. Alles, was Dir im Außen begegnet, hat also in irgendeiner Weise mit Dir zu tun.

Von diesem, aber auch nur von diesem Blickwinkel aus betrachtet, ist das irdische Leben, wie auch jedes andere, sehr wohl eine Schule, denn Du kannst unmöglich sein und leben ohne Erfahrung und damit ohne Mehrung der Selbsterkenntnis. Es ist uns jedoch sehr daran gelegen, dass es wie ein freudiges, druckfreies Lernen verstanden wird, in etwa so, wie ein Kind beim Spiel und durch das Spiel ›unmerklich‹ lernt. Ihr erfahrt, was Ihr erfahren, also lernen wollt.

Deinem freien Willen sind niemals Grenzen gesetzt und es gibt kein vorgegebenes Lernziel, es sei denn, Ihr setzt es Euch selbst. Es gibt ›am Ende‹ keine Prüfungskommission und keine Bewertung für irgendwelche Leistungen. Das Erdenleben als solches, das Sichwahrnehmen als ein von Gott und Euren Lieben getrenntes Einzelwesen ist weiß Gott Leistung genug! *(Anm. der Verfasserin: Scherzhaft gesagt.)*

Zu Beginn dieser sechsten Empfehlung sagten wir, dass das Lernen, wie auch das Lehren, Leidenschaft erfordert. Eben in dieser Leidenschaft, mit der sich das vorhin erwähnte Kind seinem Spiel widmet, liegt das Geheimnis seines erfolgreichen, rasanten und freudigen Lernens. Was Euch mit Leidenschaft erfüllt, ist zutiefst verwoben mit Eurem Sein, mit Eurem spezifischen Erfahrungshintergrund und mit der ganzen Einmaligkeit Eurer Persönlichkeit. Es ist kein Zufall, dass manche Dinge Euch einen glücklichen Glanz in die Augen zaubern und andere Euch wiederum völlig kalt lassen. Ihr definiert Eure Individualität in weiten Teilen über all das, was Ihr liebt, was Euer Interesse zu fangen in der Lage ist und womit Ihr am liebsten Eure Zeit verbringt. Diese Dinge gehören so sehr zu Eurer Identität wie Eure Haar- oder Augenfarbe. »Lehre, was Du lernen willst«, denn so lernst Du es am schnellsten und am nachhaltigsten.

Das Lehren ist immer ebenso sehr Lektion, wie das Lernen. Wenn Du lehrst, vertiefst Du nicht nur Deine eigenen Kenntnisse und Fähigkeiten, Du überprüfst sie immer wieder, denn jedes wahre Lehren ist für Dich so, als sei es das erste Mal.

Die größte Macht, die dem Lehrstoff und damit Dir als ›Lehrer‹ innewohnt, liegt jedoch in der bloßen Tatsache, dass Du es lehren willst und lehrst. Die Tatsache, lehren zu wollen, ist ein Treue- und Liebesbekenntnis an die Sache selbst, die Du lehrst. Und an diesem Punkt kommt die vorhin erwähnte Leidenschaft ins Spiel, denn Leidenschaft ist Liebe und Begeisterung. Nichts wirkt so ›ansteckend‹, wie Leidenschaft, denn der Funke der Begeisterung ist unwiderstehlich und daher ist Liebe zur Sache immer der beste und weiseste Lehrmeister. Dem ist so, weil Ihr in Euren Leidenschaften glücklich seid und Glück übt eine außerordentlich mächtige Anziehungskraft aus. So lernst Du, was Du lehren willst, denn Du bist Dir selbst immer der erste Schüler. Du bist in Deinem Leben so oder so Schüler wie auch Lehrer, ob Du Dir dessen nun bewusst bist oder nicht. Durch die Art Deiner Lebensführung lehrst Du sie gleichermaßen, so wie Du von ihr lernst. Nichts ist so mächtig wie das gelebte Vorbild, denn das, was Ihr lebt, ist das, woran Ihr wirklich glaubt und was Ihr wollt. Das lebendige Vorbild ist das einzig wirkliche Vorbild.

Wenn wir immer wieder auf die Bedeutung der Selbstliebe zurückkommen, dann erst recht und in ganz besonders eindringlicher Weise bei diesem sechsten Gebot. Vorgelebte, praktizierte Selbstliebe wirkt wie ein fruchtbares Samenkorn, das in jedem Boden keimen kann. Die Vorbildfunktion kann in ihrer Bedeutung gar nicht genug betont werden. Nie ist irgendetwas nur für Dich selbst und alleine getan und erreicht. Du kannst nie mehr Nächstenliebe leben, lehren und lernen als in praktisch gelebter Eigenliebe. Das Streben nach Glück ist des Menschen tiefste und im Grunde einzige Antriebsfeder für all sein Handeln und Tun. Der beständig suchende Mensch ist rastlos in seinem Bestreben nach Mehrung des Glücks und damit immer auch auf der Suche nach neuen Konzepten, die funktionieren.

Nun, meine lieben Freunde, das Konzept der Selbstliebe funktioniert immer und unfehlbar, es führt zum persönlichen Glück und zu Erfüllung wie auch zur Nächstenliebe. Selbstliebe zeitigt nichts als Segnungen für den, der sie sich zugesteht, wie auch für alle, die seinen Lebensweg kreuzen oder begleiten. Gelebte Liebe braucht und erteilt keine Lektionen, denn Liebe als solche ist Lektion. Sie ist sowohl Lehr- als auch Lernschritt und eine ewig faszinierende Herausforderung. Du lehrst Liebe, indem Du sie lebst und Du lernst von ihr in jedem Augenblick, denn in jedem ihrer

Aspekte zeigt sie sich neu und von einer anderen Seite. Wenn Du Liebe lehrst, dann lernst Du von ihr, wohin sie Dich führt. Wenn Du Dich von ihr führen lässt, dann lehrst Du, der Liebe zu vertrauen.

Sicherlich habt Ihr alle verstanden, dass wir hier nicht explizit vom Lehrerberuf als solchem sprechen, wenn dieser durchaus auch gemeint sein kann. Vielmehr reden wir von der Lehrfunktion des Lebens selbst. So wie Du Lehrer bist, so bist Du immer auch Schüler, Dein eigener wie auch der Deiner Mitmenschen. Am besten, am meisten und am nachhaltigsten lernst Du von den Menschen und Dingen, die Du liebst, denn hier bist Du offenen Herzens und voller Aufmerksamkeit. Ein wahrhaft guter Lehrer ist der Mensch, der das höchste und erhabenste Ziel des Lehrers erreicht: von seinen Schülern überflügelt zu werden. Dies ist das ehrenwerteste Ziel und größte Glück eines Lehrers, dessen Selbstverständnis auf Weisheit und wahrer Liebe zu seiner Lehrfunktion und zu seinen Schülern beruht.

Wo der Lehrer im Gegenzug dann wieder von seinen eigenen Schülern lernen kann, ist ihm alle Mühe und Liebe in wunderbarer Weise vergolten. Wenn Du weise lernen willst, dann lerne von all jenen, die Du ablehnst und verachtest, denn hier hast Du die ›Lektion der Liebe‹ noch nicht gelernt. In all den Menschen, die Du ablehnst und die Dir zuwider sind, kannst Du sehr viel über Dich selbst erfahren. Willst Du einen guten und milden Lehrer, dann folge der Spur der Liebe: Glückliche Menschen sind vollkommene Lehrmeister. Wo Du einen glücklichen Menschen siehst, lerne von ihm! Forsche seinem Glück nach und Du wirst entdecken, dass es immer und unfehlbar in der Nähe der Liebe zu finden ist.

Übe Dich darin, Deinen Nächsten so zu wollen, wie er ist

Mein lieber Freund, meine liebe Freundin, diese siebte Empfehlung ist das Gebot der Nächstenliebe. Mehr als jedes andere lässt dieses Gebot Euch zusammenzucken. Ihr fürchtet, dass von ›höherer Warte aus‹ ein emotionaler Anspruch anderen Menschen gegenüber an Euch gestellt wird, dem Ihr nicht gerecht werdet.

Nun, der Mensch fühlt nun einmal, wie er fühlt und mit dieser Aufforderung ist ganz gewiss nicht gemeint, dass Ihr Tränen der Liebe verströmt beim Anblick jedes Menschen, den Ihr seht. Ihr liebt Euch selbst noch längst nicht genug, als dass dieses Glück Euch möglich wäre. Wenn man in irgendeiner Weise weiterkommen will im Leben, muss man von dort ausgehen, wo man ist. Alles andere sind fiktive Hypothesen ohne direkten, praktischen Nutzen für Euch – Zukunftsmusik eben.

Meine lieben Freunde, Liebe ist sehr viel mehr als nur ein wenn auch besonders schönes Gefühl. Liebe ist eine grundsätzliche Lebenseinstellung. Bei der Nächstenliebe geht es uns in diesem Falle weder um die besondere, die erotische Liebe zum Lebenspartner noch um die engen Bande innerhalb der Familie oder unter Freunden. Wir sprechen von Eurem Verhältnis zu den Mitmenschen im Allgemeinen. Diese Liebe definiert sich in erster Linie durch das Dabei-belassen-Wollen des anderen. Wahre Nächstenliebe ist nie invasiv oder usurpierend dem anderen gegenüber und dennoch nicht gleichgültig. Nächstenliebe äußert sich durch ein stilles Gewährenlassen bei gleichzeitigem Interesse und einer grundsätzlichen Offenheit für den anderen.

Diejenigen unter Euch, die bei dem Wort ›Mitmensch‹ die emotionale Komponente des Wortes fühlen können, dürfen sich wahrhaft glücklich schätzen. Als ein Mensch unter Milliarden von Mitmenschen könnt Ihr Euch als Kinder einer großen Erdenfamilie fühlen, die in weiten Teilen dasselbe Weltenschicksal teilt und gemeinsam erlebt. Dieses gemeinsame Schicksal ist das bindende Glied unter Euch allen und das Wort ›Gemeinschaft‹ ist von großer Bedeutung, denn viele Eurer Probleme sind nur gemeinsam zu lösen oder aber gar nicht.

Nächstenliebe ist, wie gesagt, eine Art grundlegende Lebenseinstellung. Je offener und wohlwollender Ihr Euren Mitmenschen begegnet, umso weniger und seltener werdet Ihr Euch fühlen wie ein einsamer Einzelkämpfer auf weiter Flur. Nichts ist so spannend wie das Kennenlernen und Erforschen von Menschen. Im anderen lernst Du immer auch für und über Dich selbst. In der Nächstenliebe erkundet Ihr die unendliche Vielfalt göttlicher Ausdrucksmöglichkeiten.

Keine zwei Menschen gibt es auf dieser Welt, die vollkommen gleich wären, und sind da noch so viele Parallelen. Die gemeinsame Schnittmenge, die Du mit Deinen Mitmenschen teilst, verbindet Euch sowohl emotional als auch intellektuell. In dieser gemeinsamen Schnittmenge, die Ihr unablässig sucht, findet Ihr Euch selbst im anderen wieder. Hier fällt das Lieben leicht. *(Anm. der Verfasserin: Scherz-*

haft gesagt.) In den Wesensanteilen, die Ihr nicht miteinander teilt, in jeder Andersartigkeit, liegt die große Herausforderung. Lieben bedeutet nicht nur, einen Menschen so zu lassen, wie er ist, das müsst Ihr ohnehin, denn kein Mensch hat die Macht und die Mittel, einen anderen zu ändern. Diese Macht hat nur die Liebe, sie kann ändern, weil sie nie ändern will.

Liebe kann nichts als lieben und somit kann sie ihre eigene Macht niemals missbrauchen. Lieben bedeutet, den Mitmenschen so zu wollen, wie er ist. Du liebst nur dann wirklich, wenn Du Dich mit der Realität zufriedengeben und glücklich schätzen kannst. So ist es mit der Nächstenliebe, wie mit der Eigenliebe.

Wenn Du eine ›Traumversion‹ eines Menschen liebst, dann liebst Du den Traum und nicht den Menschen.

Liebe kann sich nicht nur mit der Realität begnügen, Liebe will sie nicht anders. Wenn Du liebst, bist Du immer am Ziel Deiner Wünsche, denn wo Du wahrhaft liebst, hast Du keine offenen Wünsche mehr. Liebe ist die Wahrnehmung von Vollkommenheit und der Vollkommenheit ist – ihrer Definition nach – nichts hinzuzufügen. Nächstenliebe bezeugt Respekt vor der Andersartigkeit und Freude an gemeinsamen Aspekten.

Ein weiterer Blickwinkel, aus dem wir die Nächstenliebe beleuchten, ist ihre Funktion als ›Übungsplattform‹. Da Dein ›Nächster‹ Dir eben nicht so nahesteht wie Deine Lieben, seien es nun Partner, Eltern, Kinder oder Freunde, bist

Du in den allgemeinen Beziehungen zu Deinen Mitmenschen weitaus weniger emotional involviert. Wenn die Höhen auch nicht so hoch sind, so sind die Tiefen auch nicht so tief. Hier bietet sich Euch ein schier grenzenloses Übungsfeld für die Liebe und all ihre Belange. Hier könnt Ihr sozusagen ›proben für den Ernstfall‹. *(Anm. der Verfasserin: Scherzhaft gesagt.)*

Das Respektieren einer anderen Meinung, anderer Sichtweisen, anderer Überzeugungen und Werte in einem friedlichen und harmonischen Miteinander ist eine ebensolche Herausforderung innerhalb Eurer Familien wie im Völkerverbund der ganzen Welt. Ihr könnt ›im Großen für das Kleine‹ üben, wie auch ›im Kleinen für das Große‹.

Nächstenliebe fundiert grundsätzlich auf dem Glauben an das Gute im Menschen und damit auch auf dem Glauben an das Gute in sich selbst. Je weniger Du Dir selbst misstraust, desto offener und vertrauensvoller wirst Du auch anderen Menschen begegnen. Dein Verhältnis zu Deinen Mitmenschen ist ein deutlicher Spiegel Deines Verhältnisses zu Dir selbst. So lernst Du Dich selbst mehr und mehr kennen und lieben, indem Du es mit Deinem Umfeld tust und auf das beständige Feedback reagierst.

Wer auch immer Dir begegnen mag, immer steht ein leibhaftiger Ausdruck des Göttlichen vor Dir und jedem Menschen gebührt aller Respekt. Je mehr Du Dir der eigenen göttlichen Wurzeln bewusst bist, umso deutlicher werden sie sich Dir auch in anderen offenbaren und sich Euch beiden in Eurer Beziehung spiegeln. Respekt, Achtung und Anerkennung fallen nie auf unfruchtbaren Boden.

Beanspruche Deinen Platz in der Welt

Meine liebe Freundin, mein lieber Freund, »Beanspruche Deinen Platz in der Welt und fühle Dich eins mit ihr. Tue, was Du liebst, und liebe, was Du tust.« Bei dieser achten Empfehlung geht es um Deine Einbindung in der Welt als ein gültiger und integraler Aspekt des Göttlichen.

Es geht um die Definition Deiner ganz persönlichen Identität und die Art und Weise, wie Du sie darstellst und lebst. Im Übrigen geht es um die daraus folgende Erdung, denn viele von Euch fühlen sich in diesem Erdenleben irgendwie entwurzelt und heimatlos.

Meine lieben Freunde, für jeden von Euch gibt es einen Platz in der Welt. Dieser besagte Platz ist ausnahmslos und für jeden von Euch ein ganz besonderer Platz, denn es ist der, den Ihr wollt, weil er Euch am besten widerspiegelt. Somit ist dieser Platz, und damit meinen wir generell Eure gesamte, persönliche Art der Lebensführung und nicht etwa nur einen bestimmten Wohnort, der einzig richtige für Euch.

Wie bei jedem anderen der zwölf Gebote, ist auch hier die Übernahme der vollen Verantwortung für Dein Glück der ausschlaggebende Dreh- und Angelpunkt des Ganzen. Die Verantwortung für Dein Glück liegt voll und ganz bei Dir selbst, denn kein Mensch auf Erden – und kennt er Dich auch noch so gut – kann Dir Deinen persönlichen Platz anweisen. Es ist, mehr noch als eine Frage der Lebenserfahrung, eine

Frage der Intuition und so kannst nur Du selbst und Du ganz allein den ›richtigen Platz‹ für Dich erspüren, fühlen, finden und schließlich einnehmen. Wie wir sehen, ist es eine Frage der persönlichen Entwicklung, ein Prozess der Selbstfindung, von dem hier die Rede ist. Die Suche nach dem ›richtigen‹ Platz in Deinem Leben, nach dem Ort und den Lebensbedingungen, die Dich erfüllen und befriedigen, dauert bei vielen von Euch bis in die zweite Lebenshälfte hinein und manche suchen ihr ganzes Leben lang.

Wenn wir in bewusst provokativer Weise davon sprechen, dass Ihr Euren Platz in der Welt ›beanspruchen‹ sollt, dann sagen wir es in dieser Deutlichkeit, weil so mancher von Euch es im Verlauf seines Lebens versäumt, diesen Anspruch an sich selbst zu stellen. Noch zu ›Lebzeiten‹ beerdigt Ihr Eure Träume, Wünsche, Ziele und Leidenschaften. Aus fehlgeleitetem Sicherheitsstreben oder Pflichtgefühl verharren viele in einem unbefriedigenden Status quo. Die Angst vor dem Unbekannten und eine gewisse Trägheit tun ein Übriges.

Diese besagte Trägheit ist die logische Folge und Konsequenz jahrelangen, vielleicht sogar jahrzehntelangen Verharrens in einer ungeliebten Situation. Es zehrt Eure Kräfte auf, ermüdet Euch und lässt Euch in Eurer Lebensenergie erschlaffen. Die Suche nach dem rechten Platz in Deiner Welt ist immer die Suche nach Dir selbst, nach Deiner Identität. Sowie Du Deinem wahren Wesen auf der Spur bist, kehren Deine Kräfte wie von ›Geisterhand‹ wieder. Du bist energiegeladen, voller Elan und temperamentvollem Tatendrang. Wo der Mensch auf dem richtigen Weg ist, auf dem Weg der Selbstliebe, da gibt Gott immer, was gebraucht wird und nötig ist, ihn zu gehen. Die Suche nach dem richtigen Platz könnte man auch das Streben nach Deiner Lebensbestimmung nennen oder den unstillbaren Drang nach Selbstwerterfüllung. Der Mensch mag sich selbst lange und qualvoll verleugnen können, wirklich belügen kann er sich auf Dauer jedoch nie. Die Wirklichkeit spricht für sich selbst, dort wo Du Deiner Bestimmung nicht folgst, bist Du einfach nicht glücklich. Im tiefsten Inneren, auf dem Bodengrund des Herzens, brennt das Gefühl, sich selbst verraten und im Stich gelassen zu haben.

Wenn Du Deinen Platz in der Welt beanspruchst, bedeutet das nichts anderes, als dass Du Dir erlaubst, ganz Du selbst zu sein, zu tun, was Du liebst und was Dich mit tiefer Befriedigung erfüllt. Dadurch integrierst Du Dich in die Welt und in Dein eigenes Leben. Der Mensch hat grundsätzlich das Bedürfnis, bedeutend und stolz auf sich selbst zu sein. Ihr möchtet vor Euch selbst bestehen und die Dinge tun, die Ihr als Leistung empfindet, was immer das auch im Einzelfall sein mag.

Wenn Du Deinen Platz beanspruchst, dann lebst Du Dich selbst, Du machst Dich sozusagen ›breit‹ in Deinem eigenen Leben und in der Welt. Wem es an Erdung fehlt, der schwebt gewissermaßen zwischen den Welten. Dies ist dann der Fall, wenn Ihr zwar in der materiellen Welt lebt, Euren rechten Platz jedoch gar nicht oder bestenfalls in Euren Gedanken, Gefühlen und Wunschträumen einnehmt. Wer Luftschlösser baut, baut eben nicht aus Stein. Mangel an Eigenliebe und Selbstwertgefühl zieht immer wankendes Selbstvertrauen und unstete Zielstrebigkeit nach sich. Wenn Ihr Euch über Euch selbst im Klaren seid, Euch mit liebendem Blick anschaut und die Angst außen vor lasst, dann wisst Ihr sehr genau, wo Ihr hingehört. Die Angst, von der wir hier sprechen, kennt Ihr alle. Es ist die Angst, nicht konform zu sein mit den Erwartungen der Außenwelt, die Angst, auf Unverständnis zu stoßen und alleingelassen zu werden, die Angst vor Schuldzuweisung und Gewissensnot, weil man scheinbar die eigenen Bedürfnisse über die der anderen stellt, die Angst, sich zu ›outen‹ als derjenige, der man ist, und so nicht mehr geliebt zu werden.

Diese ›Schreckgespenster‹, die Ihr mit Eurem ureigenen Sosein assoziiert, sagen viel mehr über Euch selbst und Eure Beziehung zum eigenen Ich aus als über Eure Mitmenschen. Wenn Ihr Euren Platz in der Welt beansprucht, fühlt Ihr Euch völlig geerdet und eins mit der Welt, weil Ihr Euch selbst innerhalb der materiellen Welt mit der ganzen Wucht Eurer Persönlichkeit einbringt und ausdrückt. Das Gefühl der Integration ist nichts anderes als das Empfinden der Einheit mit der Welt.

Wenn Ihr in Not seid und das Gefühl habt, Euren Platz nicht zu finden, wenn Ihr sogar daran zweifelt, ob es diesen richtigen Platz für Euch überhaupt geben kann, dann bieten Euch Eure Kindheits- und Jugendträume oft wertvolle und zuverlässige Orientierungshilfe. In jungen Jahren seid Ihr noch nicht so eingenommen von Sorge und Pflichtgefühl und nicht so befangen in all den Wenn und Aber des Lebens. Dass es diesen richtigen Platz für Dich gibt und geben muss, beweist und ergibt sich ganz einfach aus der Tatsache heraus, dass es Dich gibt. Und schließlich bist Du es doch selbst, der sich diesen Platz erschafft.

Gott gibt immer nur Geschenke und so gab Er Dir alles, was Du brauchst, es zu tun. Gott stellt immer und ausnahmslos alle Möglichkeiten, Umstände und Gelegenheiten bereit, die es zu Eurem Glück braucht. Wer seinen Platz einnimmt, der fühlt sich rundum wohl in der Welt und genießt das gute Gefühl, seinen ›Beitrag‹ zum Weltgeschehen zu leisten. Der Lohn ist das sichere Lebensglück und das befriedigende Gefühl, der Welt seinen ganz persönlichen Stempel aufgedrückt zu haben.

Wer seinen Platz beansprucht, seine Leidenschaften lebt und das tut, was er liebt, hinterlässt immer tiefe Spuren in der Welt und ein herrliches Erbe, auf das Nachfolgende aufbauen können. Am Ende eines solchen Lebens steht ein strahlendes, wunderbares: »Ja, ich war hier!«

»Autorität über sich erkennen ist ein
Zeichen höherer Menschlichkeit.«
Hugo von Hofmannsthal

Vergib Dir Deine Irrtümer

Mein lieber Freund, meine liebe Freundin, »Vergib Dir Deine Irrtümer und sei glücklich, sie als solche erkannt zu haben. Erlaube Dir Unvollkommenheit.« Diese neunte Empfehlung ist gewiss eine der schwierigsten für die meisten von Euch. Mit Sicherheit aber ist sie von größter Tragweite. In unseren früheren Botschaften, besonders aber in Band I *Des Menschen Wunsch und Gottes Wille,* haben wir viel über die Sicht der Welt auf die Thematik von Irrtum und Versagen gesprochen.

Wie Ihr alle nur zu gut wisst, sind Irrtum und Versagen in dieser Welt mit Schuldbewusstsein und dem Makel von ›Sünde‹ behaftet. Dies bringt, nach Meinung der Welt, himmlische und irdische Strafe, also Liebesentzug mit sich. So fühlt Ihr Euch schuldig, unzulänglich und schlecht, was wiederum zu neuer Schuld, Sünde und Versagen führt. Wie gesagt, in unseren ersten Botschaften haben wir diese unselige Dynamik von Makel und Schuld, die immer wieder zu neuem Versagen und neuer Schuld führt und führen muss, ausgiebig analysiert.

Wie wir immer wieder betonen, ist die Wirklichkeit des Menschen und der gesamten Schöpfung eine ganz andere. Gott schuf nur mit Liebe und nur aus Liebe heraus, denn Gott ist nichts anderes als reine, bedingungslose und in ihrer Größe unfassbare Liebe. So kann auch alles, was Er schuf, nur aus Liebe gemacht sein. Die Schöpfung ist vollkommen erschaffen und so wie Gott sie schuf, so wird sie ewig sein.

Wer den Weg des Irdischen wählt, erklärt sich ganz bewusst mit der Möglichkeit des Irrtums einverstanden. Der Mensch will sich irren können. Der Mensch will und muss die Möglichkeit des Irrtums haben, wenn es ihm möglich sein soll, zwischen Irrtum und Wahrheit zu wählen. Wo nur eins ist, kann nicht zwischen zweien gewählt werden. Bei der Wahl zwischen Irrtum und Wahrheit geht es nicht um Versagen, Schuld oder gar ›Sünde‹, es geht um Selbsterkenntnis durch Selbsterfahrung – und nur darum.

Es geht darum, womit Ihr Euch identifiziert und womit nicht. Es geht um die Erfahrung als solche und um die Frage, wohin und wozu Euer Verhalten, Eure Gedanken und Gefühle Euch und Eure Umwelt führen. Die jeweilige Wahl, die Ihr trefft – und das tut Ihr ständig – steht Euch dabei vollkommen frei. Wie wir sagten, das Leben ist keine Prüfung im Multiple-Choice-Verfahren. Ihr könnt nicht ›falsch‹ handeln, denn wenn ein bestimmtes Verhalten Strafe nach sich ziehen würde, wäre der freie Wille nicht frei und all die schönen Worte über die Liebe Gottes wären nichts als absurdes und leeres Gerede.

Die Tatsache, dass liebloses Denken, Fühlen und Handeln unfehlbar Leid und Not mit sich bringen, hat nichts mit Rüge, Mahnung oder Strafe Gottes zu tun. Es ergibt sich einfach aus dem Faktum heraus, dass alle ›Dinge‹ immer nur sich selbst hervorbringen und ausdehnen können. Wenn Du den Samen einer Giftpflanze ausbringst, kann auch nur eine Giftpflanze keimen und wachsen. Die Dinge sind, was sie sind. Punktum. Es braucht keine Weisheit, dies zu verstehen. Die zwingende Konsequenz, die sich aus dieser Einsicht ergibt, ist die Tatsache, dass der Mensch immer dann auf dem Holzweg ist, wenn er verurteilt, sich selbst ebenso wie seine Mitmenschen. Wo immer Ihr verurteilt, da habt Ihr das Göttliche ›übersehen‹, in Euch selbst wie auch im anderen.

> *Wenn Ihr den Irrtum verurteilt, seid Ihr neuerlich im Irrtum, und dieser zweite ist größer als der erste.*

Nun, meine Lieben, Ihr geht den Weg des Irdischen nicht, um zu verurteilen, sondern um die Dinge zu beurteilen. Es geht nicht um eine moralische Wertung der Dinge, sondern schlicht und ergreifend um die bloße Tatsache, ob etwas zu Dir gehört, zu Dir ›passt‹ oder nicht. Ihr müsst immer beurteilen, ansonsten würdet Ihr kaum in der Lage sein, eine bewusste Wahl zu treffen.

Euer Leben scheint Euch manchmal über den Kopf zu wachsen und sehr kompliziert zu sein, doch im Grunde und in Wahrheit braucht es nur ein einziges Kriterium, um weise abwägen und wählen zu können. Es ist die einfache Frage: Macht dieses oder jenes mich glücklich? Dieser Satz fragt nach der Liebe in und hinter den Dingen und ist deshalb unbestechlich in seiner Weisheit.

Wenn Ihr geirrt habt, fühlt Ihr Euch meist schuldig. Nichts bringt so viel Unheil über den Menschen und die Welt wie Schuldgefühle, denn sie führen zu Angst, Verzweiflung und Gewalt. Schuldbewusstsein ist der heimliche innere Terrorist des Menschen. Ganz anders ist es mit der Einsicht. Dort wo Schuld immer zersetzend und destruktiv wirkt, da hat Einsicht eine aufbauende und konstruktive Wirkung. Sie treibt Eure persönliche Entwicklung voran und lässt Euch reifen und wachsen. Immer dann, wenn Ihr einen Irrtum eingesehen habt, habt Ihr allen Grund, stolz und glücklich zu sein, denn die Einsicht ist der erste Schritt in eine neue Richtung.

Im Klima der Einsicht kann Eure menschliche Persönlichkeit gedeihen und sich auch angesichts des Irrtums noch wohlfühlen. So schmerzlich, unangenehm und lähmend Schuldgefühle sind, so erhebend und ermutigend ist das Gefühl der Einsicht. Es macht Mut, Hoffnung und setzt ungeahnte Potenziale frei, um das Eingesehene praktisch und real umzusetzen.

Wenn Ihr in einem Prozess der Schuld seid, fühlt Ihr Euch stark angeschlagen und wie verstümmelt. Schuldbewusstsein untergräbt das Selbstvertrauen und die Eigenliebe. Daraus kann niemals etwas wirklich Gutes entstehen. Einsicht stärkt jedoch das Selbstbewusstsein und das Vertrauen in die eigene Urteilsfähigkeit. Ein Mensch, der zur Einsicht fähig und gewillt ist, kann seiner Autonomie vertrauen und auf ein erfülltes Leben zurückblicken, denn wo Einsicht ist, sind immer auch Bewegung und Fortschritt.

Wir sprachen zu Beginn von der Vollkommenheit der ganzen Schöpfung und damit auch des Menschen. Diese Vollkommenheit, die allem und jedem innewohnt, ist völlig unantastbar. In der Möglichkeit des Irrtums erschließt sich diese Vollkommenheit in ganz besonderer Weise. Ihr geht den Weg des Versagens, des Fehlens und des Irrtums, um zur bewussten Erkenntnis Eurer Vollkommenheit zu erwachen. Diese Erde ist eine Zone der Dualität und so erkennt Ihr die Vollkommenheit in ihrem Gegenpol. Das Glück, das all jenen beschieden ist, die diesen Weg der Polarität gewählt haben, ist unbeschreiblich. Wenn Du einen Irrtum als solchen erkannt hast, dann ist er schon vergangen, denn dann hast Du ja bereits zur Wahrheit gefunden. Und so ist jede Enttarnung eines Irrtums ein unglaublicher und wunderbarer Triumph der göttlichen Wirklichkeit, auch und gerade hier, in dieser illusionären Welt von Dunkelheit und Trennung.

Die Wirklichkeit der Dinge liegt immer und ausnahmslos auf Seiten der Liebe. Je mehr und je bedingungsloser Du Dich selbst liebst, umso grandioser sind Deine Wahrnehmungskorrekturen, denn schlussendlich ist es immer und einzig die Liebe, die in der Lage ist, den Irrtum der Wahrheit zu überführen. Liebe ist Wahrheit und jede Wahrheit, die Du erkannt hast, verdankst Du einem früheren Irrtum.

»Wenn weise Männer nicht irrten,
müssten die Narren verzweifeln.«
Johann Wolfgang von Goethe

Kultiviere Dein Gewissen und folge ihm

Meine liebe Freundin, mein lieber Freund, bevor wir über das Gewissen reden, sollten wir den Begriff erst einmal genauer definieren. Die meisten unter Euch würden es als die Instanz in Euch bezeichnen, die Euch sagt, was richtig und was falsch ist.

Schon bei dem Wort ›Gewissen‹ wird so manchem von Euch mulmig zumute. Dieses Faktum ist ein höchst interessanter Aspekt und bezeichnend für Eure Beziehung zu Euch selbst. Euer Gewissen scheint Euch sehr viel mehr Feind zu sein als Freund, mehr gegen als für Euch.

In der vorigen Empfehlung sprachen wir über Schuld, Versagen und Sünde. Diese Begriffe haben Gültigkeit für Euch. Mit diesen Konzepten, die Ihr Euch zu eigen gemacht habt, steht Ihr also nun vor Eurem Gewissen. Innerhalb Eures ganzen Glaubenssystems über Euch selbst habt Ihr allen Grund, Euer Gewissen zu fürchten und zu hoffen, dass es schweigen möge. Wer auf der Anklagebank sitzt, fürchtet den Richter zu Recht. So seid Ihr also gewissermaßen in Euch selbst zwiegespalten, denn wenn sich das Gewissen zu Wort meldet, seid Ihr in einer Pro-Contra-Situation.

Solange Ihr in einem Schuld-Sühne-Konzept gefangen seid, ist Euer Gewissen wie ein gnadenloser Scharfrichter, der Eure Psyche regelrecht systematisch zerschmettert. Das Gewissen plagt Euch, wie Ihr es treffend nennt und spaltet

Euch innerlich. Was bitte könnte daran gut sein? Gut für Euch? Gut für andere oder am Ende gar gut für Gott?

Die Beschaffenheit, die ›Arbeitsweise‹ Eures Gewissens richtet sich grundsätzlich an Eurem Denk- und Glaubenssystem aus, denn anhand dieser Inhalte und Kriterien entscheidet sich schließlich, ob und wann sich das Gewissen zu Wort meldet. Weil es Euch grundsätzlich an Eigenliebe mangelt und aufgrund Eures daraus entstandenen Wertekodex ist das menschliche Gewissen regelrecht pervertiert.

Die Dinge sind, wie so oft in der Welt, in das genaue Gegenteil verkehrt. Euer Gewissen ist Euch deshalb – und vollkommen zu Recht – so ungeliebt, weil es Euch im Allgemeinen ausgerechnet die Dinge verbietet, die Glück und Lebensfreude bringen und Spaß machen. Hier steht das Gewissen mit hoch erhobenem Zeigefinger und wittert Verdacht auf Egoismus, Gottlosigkeit und irgendwelche ›niederen‹ Triebe. Wo der ›Spaßfaktor‹ ausbleibt und das eigene Glück geopfert werden soll – wozu auch immer, für wen auch immer –, da schweigt das Gewissen, es sei denn, Ihr genießt das Gefühl, ›gut‹ zu sein. Das ist dann schon wieder zu viel des Guten. *(Anm. der Verfasserin: Scherzhaft gesagt.)*

Der Dünkel des Gewissens legt sich oftmals erst dann, wenn wirklich auch der letzte Rest von Lebensbejahung demoliert wurde. Wer braucht solch ein Gewissen, es sei denn, er will sich endgültig zugrunde richten und sein Leben zur Hölle machen? Dieses zehnte Gebot lautet: »Kultiviere Dein Gewissen und folge ihm.«

Wenn Eure Werte stimmen, »stimmt« auch Euer Gewissen.

Wenn die Selbstliebe Herr im Hause ist, ist das Gewissen Euch ein vorzüglicher, treuer und verlässlicher Diener. Und so meinen wir mit der Kultur des Gewissens seine ganz bewusste Erziehung. Erzieht Euch zur Selbstliebe!

Wie wir wissen, folgt die Nächstenliebe der Eigenliebe unfehlbar auf dem Fuße. Wenn die Selbstliebe Eurem Gewissen verdächtig vorkommt, dann vertraut Ihr der grenzenlosen Weisheit und Vollkommenheit der Liebe nicht. Wenn Ihr Euer Gewissen kultiviert, so erzieht Ihr Euch dazu, dass es für und nicht gegen Euch ist und Eure Interessen vertritt wie ein guter Anwalt. Wo das Gewissen Selbstliebe und Lebensfreude verbietet, da ist es kontraproduktiv und zersetzend. Ein kultiviertes Gewissen schlägt immer dann Alarm, wenn Ihr es Euch selbst an Achtung, Respekt und Liebe mangeln lasst.

Wer sich selbst liebt, der ist grundsätzlich offenen Herzens für seine Mitmenschen, folglich werdet Ihr, wenn Ihr Eurem Gewissen folgt, nie in einen Interessenskonflikt kommen. So verstanden und so genutzt ist Eure Gewisseninstanz eine wunderbare Sache und ein großartiges Werkzeug des Göttlichen in Euch. Je mehr Ihr Euch ernst nehmt und wichtig fühlt, desto wachsamer ist das Gewissen und desto größer der Nutzen, den Ihr aus ihm zieht.

Je mehr Du Dir selbst vertraust, desto gewissenhafter wirst Du Deine eigenen Werte leben und Deinen individuellen Weg gehen. Wenn Du Dein Gewissen für Dich einsetzt anstatt gegen Dich, dann bist und bleibst Du eins mit Dir selbst, denn nun wird das Gewissen Alarm schlagen, wenn Du in Versuchung gerätst, Dir selbst zu schaden und Dich emotional zu zerstückeln. Wenn Du Dein Gewissen zur reinen, bedingungslosen Liebe erziehst, ist es der ›Anwalt

Gottes‹ in Dir und kann ein wunderbarer Bote Deines Höheren Selbst sein, ein Bote, der Dir immer und ausnahmslos Liebesbriefe bringt. So integrierst Du schließlich, Schritt für Schritt, sanft und beinahe unmerklich, Dein Gewissen aus dem Ego hinaus in Dein Höheres Selbst hinein.

Wenn Dein Gewissen Dich immer und unfehlbar zu Liebe, Lebensfreude und Spaß ermutigt und Dir Respekt vor Dir selbst und die Achtung Deiner Eigenheiten ans Herz legt, dann hast Du wirklich ein ›gutes‹ Gewissen! *(Anm. der Verfasserin: Scherzhaft gesagt.)*

»Wenn Menschen liebevoll handeln wollen,
müssen sie nicht selten gegen irdische
Regeln verstoßen. Das Gewissen schert sich nicht
um Paragrafen. Was stört es den Mond,
wenn der Hund ihn anbellt?«
Regulus

Lasse Dich nie von Angst leiten

Mein lieber Freund, meine liebe Freundin, »Lasse Dich nie von Angst leiten und mache keine Ausnahme von dieser Regel!« Diesen eindringlichen Aufruf kennt Ihr bereits aus der Anleitung zum Glücklichsein in Band III *Des Menschen Weg und Gottes Licht.* In Band II *Um Gottes willen und um deinetwegen* haben wir uns ganz dieser Thematik gewidmet. Angst ist und bleibt die zentrale Problematik im Leben des Menschen und so können wir unmöglich Empfehlungen zur Selbstliebe aussprechen, ohne auf die Angst zurückzukommen.

Wie wir wissen, stellt sich dann Angst ein, wenn Liebe nicht wahrgenommen wird. Angst ist die unangenehmste und qualvollste aller Emotionen, weil sie dem natürlichen Zustand – der Liebe – am gegensätzlichsten ist. Angst ist die schärfste Form der Autoaggression. Sie kann nie gleichzeitig mit Liebe auftreten, denn wo Liebe regiert, ist Angst völlig unmöglich. Das Gebot der Selbstliebe kann Dir also nur dringend empfehlen, Dich vor Angst und damit zugleich vor all ihren Folgen zu schützen. Wer sich selbst liebt, entsagt den Versuchungen und Verlockungen der Welt, sich in Angst zu verstricken.

Die Welt lehrt den Mangel und die Angst in mannigfacher Weise und der Mensch, der sich diesem kollektiven Wahnsinn nicht anschließen will, hat alle Hände voll zu tun, sein Gemüt zu beschützen und den Seelenfrieden zu bewahren.

Das einzig mögliche und notwendige Bollwerk gegen die Versuchung der Angst ist die Liebe.

Wir sprachen schon oft davon, dass Ihr glaubt und hofft, durch die Angst die Dinge zu kontrollieren und in der Hand zu haben, doch genau das Gegenteil ist der Fall. Jede Form von Energie zieht gleichgeartete Energien an und so zieht die Angst dasjenige magisch in Euer Leben, was Ihr fürchtet. Immer da und dort, wo Ihr der Anziehungskraft der Angst nachgebt, seid Ihr ›des Wahnsinns fette Beute‹.

Die größte und stärkste Macht, die Ihr der Angst in den Weg stellen könnt, ist tiefes, blindes Vertrauen in die Liebe und ihre Wirkungen. Je mehr Ihr der Liebe vertraut, desto weniger wird die Versuchung der Angst Euch heimsuchen. Liebe macht unangreifbar, denn Liebe ist unangreifbar.

Das Schlimmste, was Ihr der Angst und damit das Beste, was Ihr Euch selbst antun könnt, ist, die Angst als solche infrage zu stellen. In Band I *Des Menschen Wunsch und Gottes Wille* bezeichnen wir die Angst als Dämon, denn jeder Gedanke und jede Emotion sind Bewusstsein von Deinem Bewusstsein. Es ist eine völlig andere Sache, ob Ihr die Inhalte Eurer Ängste infrage stellt oder die Angst als solche. Immer dann, wenn Ihr die Inhalte Eurer Ängste infrage und zur Diskussion stellt, verleiht Ihr der Angst neue Macht. Ihr stattet sie aus mit Bewusstsein, weil Ihr sie ernst nehmt. Ihr erzeugt sie selbst! Ihr nährt also dasjenige mit Kraft und Energie, das Ihr bekämpfen wollt. Dies ist nicht der Fall, wenn Ihr die Angst als solche infrage stellt. Das weise Fazit all unserer Überlegungen zum Thema Angst bleibt also: »Diskutiere nie mit einem Dämon!« Tust Du es doch, verleihst Du ihm Wirklichkeit, Deine Angst wächst, zermürbt Dich und macht Dein Leben zum Alptraum.

Angst bringt Dich in einen Teufelskreis und hat sie Dich erst einmal in ihren Fängen, verzerrt sie Deine Sicht auf die Dinge. Eine Situation wird im Stadium der Angst schlimmer erlebt, als sie ist. Die Angst als solche steigert sich und wenn Du ihr nichts entgegensetzt, spitzt die ganze Lage sich innerlich zu. Du nimmst immer weniger wahr, dass Du jederzeit Herr der Lage bist. Deine Wahrnehmung wird derart von Angst beherrscht, dass Du lediglich ein Zerrbild der Wirklichkeit sehen kannst. Schließlich betrachtest Du Dich selbst nur noch als hilfloses, völlig machtloses Opfer einer unliebsamen Situation.

Angst stellt Dich immer vor eine innere Zerreißprobe und ist eine massive Bedrohung Deines Seelenfriedens. Wenn Du Dich von vorneherein nicht auf diese unselige Dynamik der Angst einlässt, kommst Du nicht in diesen qualvollen Zustand emotionaler und gedanklicher Zerrüttung. Angst macht das Denken konfus und irrational und die Gefühle unberechenbar und instabil. Sie erzeugt einen gewaltigen und gewalttätigen Strudel von Selbstzerstörung und genereller Destruktivität.

Wenn Du zutiefst in Angst und Sorge verstrickt bist, steigen die tiefsten Regungen Deines Herzens nicht mehr ins Bewusstsein. Du bist, im wahrsten Sinne des Wortes, blockiert und was Du im Herzen fühlst, kommt gar nicht mehr in Deinem Verstand an. In diesem Zustand bist Du geistig wie emotional vollkommen eingenommen von der Angst und hast keine verfügbaren inneren Freiräume mehr für anderes. Wie gesagt, wenn Du Dich auf Angst einlässt, dann siegt die Angst immer, weil Du sie durch Deine Akzeptanz mit Kraft und Energie ausstattest und Dich für sie entschieden hast.

In jedem Augenblick Deines Lebens stehst Du vor der Wahl, womit Du Dich identifizieren willst. Jede Situation und jede Gelegenheit fordern Dich erneut auf, Dich selbst zu definieren und zu entscheiden. Je häufiger und bewusster Du Deiner göttlichen Natur vertraust und die Liebe in Dir zum Maßstab Deiner Identität machst, desto weniger Macht wird die Angst über Dich haben.

In jeder Entscheidungssituation stehst Du schlussendlich vor der Frage: »Was bin ich, Liebe oder Angst?« Also wem willst Du Dein Vertrauen aussprechen – dem göttlichen Erbe in Dir oder aber seiner Verleugnung, denn das ist es, was Angst letzten Endes ist.

Sieh auf Dich selbst mit den Augen Deines Schöpfers. Er weiß, wie Er Dich geschaffen hat. Auge in Auge mit der allumfassenden und bedingungslosen Liebe Gottes schwindet jede Angst zurück ins Nichts, aus dem sie gekommen ist, als sei sie nie gewesen. Und nicht einmal der Staub auf Euren Füßen wird von ihr übrig bleiben …

»Wir machen uns fortwährend
Sorgen, um keine zu haben.«
Emanuel Wertheimer

Liebe Deinen Gott in Dir

Meine liebe Freundin, mein lieber Freund, »Liebe Deinen Gott in Dir selbst und in allem, was ist.« Die zwölfte und damit letzte Empfehlung zur Selbstliebe kann sich nur um Deine Beziehung zu Gott drehen.

Wie auch im fünften Gebot, geht es hier in direkter Weise um die Eigenliebe, doch nun in Hinblick auf einen anderen Aspekt Deiner selbst. Wo es im fünften Gebot um all Deine menschlichen Eigenheiten und persönlichen Charakterzüge ging, da geht es in dieser zwölften Empfehlung um Deine Beziehung zu Deinem Höheren Selbst. An dieser Stelle sei ausdrücklich darauf hingewiesen, dass es letztlich eine unsinnige Unterscheidung ist, wenn man den Menschen in ›göttliche‹ und ›menschliche‹ Wesensanteile aufteilt. Im Grunde und in Wahrheit gibt es nichts, was nicht Teil des Göttlichen wäre, denn Alles-was-Ist ist, was der Name sagt und somit kann es niemals irgendetwas außerhalb von Gott geben. Wenn wir dennoch unterscheiden, dann einzig und allein aus dem Grunde, weil es Euch zu besserem und genauerem Verständnis dient.

Wenn schon eine Unterscheidung getroffen werden muss, dann kommen wir der Wirklichkeit am nächsten, wenn wir sagen, dass alles an Dir göttlicher Natur ist – mit Ausnahme der Angst, die nichts anderes ist als die Unfähigkeit, die Allgegenwart der Liebe und damit die Allgegenwart Gottes wahrzunehmen. Doch selbst die Fähigkeit, Angst zu empfinden, ist Teil des göttlichen Schöpfungsplanes, sonst wäre sie nicht möglich und konkret erfahrbar.

Wenn wir sagen: »Liebe Deinen Gott in Dir«, dann ist die Rede vom Höheren Selbst, das wir gelegentlich auch das ›Göttliche Du‹ genannt haben. Das Höhere Selbst ist der Anteil Deines Gesamtwesens, der sich Deines göttlichen Erbes und damit Deiner wahren Natur als ein Kind Gottes voll und ganz bewusst ist. Dein Höheres Selbst nimmt sich selbst als reine, vollkommene Liebe wahr und steht somit außerhalb jeglicher Illusion von Angst, Schuld und Trennung von der göttlichen Quelle allen Seins. Um es ganz einfach auszudrücken: Dein Höheres Selbst lebt immer und in jedem Augenblick in der Wirklichkeit aller Dinge. Es ist, als voll bewusster Anteil des Göttlichen, unfehlbar und irrt nie.

Dein Höheres Selbst ist Gott in Dir, im vollen Bewusstsein seiner selbst. Immer wenn Du liebst, lebst Du voll und ganz aus Deinem Höheren Selbst heraus, denn das Göttliche Du, das Höhere Selbst, ist diese Liebe in Dir. Das Höhere Selbst ist, wie wir sagten, unfehlbar. Es kann sich niemals irren, weil Liebe sich niemals irren kann. Liebe ist Unfehlbarkeit. Je mehr und selbstverständlicher Du Deinem Höheren Selbst vertraust, desto offener kann es sich in Deinem Leben zeigen und offenbaren. Wenn Du dem Höheren Selbst Deine Geschicke anvertraust und ihm erlaubst, Deine Schritte zu lenken und Dein Leben zu leiten, dann wirst Du schnell feststellen, dass Du den weisen und schmerzlosen Weg gewählt hast. Du wirst rasch erkennen, dass es ein Unding war, Dich dem Höheren Selbst nicht anvertraut zu haben und den Weg von Angst, Schuld und Selbstablehnung gegangen zu sein.

Das Höhere Selbst wählt immer und ausnahmslos den sanften Weg der Liebe. Es ist dieser Weg.

Hier gibt es niemals Schuldzuweisung, Liebesentzug oder Angst und Mangel, denn das Höhere Selbst kann unmöglich der Illusion von Trennung verfallen. Das Höhere Selbst ist, von seiner göttlichen Natur her, reine Liebesessenz und daher pures strahlendes Licht. Es ist das Lichtzentrum Deines Herzens, das Allerheiligste und Schönste in Dir und in allem, was Gott schuf. Das Höhere Selbst ist das vollkommene Spiegelbild Gottes, denn in Deinem Göttlichen Du bist Du ganz und gar wie Er selbst.

Das Höhere Selbst ist der strahlende, ewig lächelnde und allmächtige Engel in Dir. Wenn wir Dir ans Herz legen, Gott in Dir, also Dein Höheres Selbst zu lieben, kann das im Grunde nichts anderes bedeuten, als die Liebe selbst zu lieben. Wer sich für die Liebe begeistert, der begeistert sich für Gott, denn Er ist nichts anderes.

Wenn Ihr Euch wirklich für die Liebe begeistert und sie liebt, richtet Ihr Euer ganzes Leben nach ihr aus, denn Liebe will sich ausdrücken und sich selbst erfahren. Wenn Ihr Euch des Höheren Selbst in Euch bewusst seid und Euch seiner Führung unterstellt, fördert und steigert Ihr gleichermaßen Eure Bewusstheit für die Anwesenheit Gottes in jedem Eurer Mitmenschen und in der ganzen Schöpfung. Je größer die Anerkennung des Göttlichen in Euch selbst, desto stärker seine Wahrnehmung in Eurer Außenwelt. Wer Gott in sich selbst liebt, der erweist ihm überall und in allem und jedem die Ehre. Wenn Ihr Euer Leben auf das Höhere Selbst ausrichtet, ihm vertraut und Euch mehr und mehr an seiner Sichtweise orientiert, wird Euer irdisches Dasein um vieles leichter und einfacher. Wer der Liebe als Basis und Grundgesetz von allem und jedem folgt, der ist viel seltener in innerem Zwiespalt mit sich selbst. In der Denkweise des Göttlichen Du gibt es keine Gegensätze und Interessenskonflikte, keinen Widerstreit zwischen Wollen und Sollen. Einen besseren Ratgeber kannst Du also gar nicht haben.

Die Menschen, die sich vertrauensvoll unter die Fittiche des Höheren Selbst begeben, glauben an Wunder und sie erfahren sie! Wo Liebe ist, da geschehen täglich Wunder. So stürmisch die See des Lebens auch sein mag, die Liebe glättet die aufgepeitschten Wogen, umschifft souverän und mühelos alle tückischen Klippen und geleitet zielstrebig in den sicheren Heimathafen zurück.

Eure oft labilen und konfliktanfälligen zwischenmenschlichen Beziehungen werden sehr viel harmonischer und tiefer, denn die Liebe und ihre natürliche Sanftmut wirken immer unwiderstehlich, anziehend und beruhigend. Menschen, die sich unter die Führung des Höheren Selbst begeben, sind Menschen, die auffallen und aus der Masse hervorstechen. Sie fallen auf, weil sie auch unter schwierigen Lebensbedingungen glücklich und gelassen sind. Sie bewegen sich mit äußerster Souveränität durch ihr Leben und haben einen regelrecht kultivierten Sinn für Humor. Wenn alle Welt um sie herum das Feuer im Heizkessel der Angst schürt, sind und bleiben sie die Ruhe selbst und finden immer Worte des Zuspruchs, der Hoffnung und des Verständnisses. Sie können ›leben und leben lassen‹, stehen immer mit Rat und Tat zur Seite, drängen sich und ihre Lebensphilosophie aber niemals jemandem auf. Sie ›missionieren‹ nicht mit Worten, sie überzeugen durch ihr Verhalten. Das ›Geheimnis ihres Erfolges‹ ist die Liebe und nichts als die Liebe. Sie können deshalb bei ihren Mitmenschen überzeugend ›fünfe gerade sein lassen‹, weil sie sich selbst nichts von alledem vorenthalten, was sie auch anderen schenken. Sie übergeben sich ganz und gar der Führung Gottes im Inneren und überlassen dem Höheren Selbst die weise Nutzung ihrer ganzen Persönlichkeit, ihrer Schwächen und Grenzen ebenso wie ihrer Stärken.

Tue es ihnen gleich und irgendwann wirst Du erkennen: Du hast nicht etwa einen Engel in Dir, Du bist der strahlende Engel. Dann wirst Du wissen: In Wirklichkeit ist alles gut.

»Wer Gott aufgibt, der löscht die Sonne aus,
um mit einer Laterne weiterzuwandeln.«
Christian Morgenstern

Leitfaden zur Selbstliebe Auf einen Blick

1. Akzeptiere Dein Leid. Wer sein Leid annimmt, hat ihm bereits eine mächtige Grenze gesetzt.
2. Habe Verständnis für Dich selbst. Übe Nachsicht und Geduld mit allem, was Dich an Dir selbst stört.
3. Gehe sorgsam mit Dir selbst um und respektiere Deine Eigenheiten.
4. Sei Dir treu. Lebe Deine Werte und übernimm die volle Verantwortung für Dein Glück.
5. Liebe Dich mit aller Gewalt – mit aller Gewalt, die Du Dir selbst antust.
6. Lehre, was Du lernen willst, und lerne, was Du lehrst.
7. Übe Dich darin, Deinen Nächsten so zu wollen, wie er ist.
8. Beanspruche Deinen Platz in der Welt und fühle Dich eins mit ihr. Tue, was Du liebst, und liebe, was Du tust.
9. Vergib Dir Deine Irrtümer und sei glücklich, sie als solche erkannt zu haben. Erlaube Dir Unvollkommenheit.
10. Kultiviere Dein Gewissen und folge ihm.
11. Lasse Dich nie von Angst leiten und mache keine Ausnahme von dieser Regel.
12. Liebe Deinen Gott in Dir selbst und in allem, was ist.

Nachwort

Ewig währet mein Vertrauen,
meine Hand in deiner Hand,
auf diese Liebe darf ich bauen,
die ich in deinen Augen fand.

Ewig währet dieses Wunder,
Liebe ist's die mich hier fand,
nichts macht meine Welt je runder,
reichst mir die geliebte Hand.

Nie ward so viel Glück beschieden,
Herz, das zu dem Herzen fand,
nie ward so viel Licht hienieden,
führst mich ins gelobte Land.

Oh, wie zart sind diese Bande,
zart und doch wie Felsgestein,
Gott selbst, der uns reicht die Hände,
ewig, ewig bin ich Dein.

Über die Autorin

Bettina Büx, Jahrgang 1960, ist Mutter von vier erwachsenen Kindern und lebt im deutschsprachigen Grenzgebiet Ostbelgiens. Ihr tiefstes Interesse galt schon von Kindesbeinen an den spirituellen Fragen und geistigen Hintergründen des Lebens.

Bereits in jungen Jahren ›wusste‹ sie, dass es ihre Berufung ist, zu schreiben und Botschaften aus der geistigen Welt zu vermitteln. Nach vielen Umwälzungen in ihrem Privatleben und während langer, schwerer Krankheit widmete sie sich schließlich ganz den grundsätzlichen Lebensfragen. Sie hat sich letztlich, wie sie es selbst formuliert, »im wahrsten Sinne des Wortes gesundgeschrieben«, denn im Zuge ihrer schriftstellerischen Arbeit mit der geistigen Welt ist sie wider Erwarten und zu ihrer großen Freude vollständig genesen. Die wundersame Wirkung der Mitteilungen tat das Ihre und so ist es ihr gleichermaßen Bedürfnis und Berufung, die Botschaften, die sie als Geschenk von höchster Ebene betrachtet, weiterzugeben und einem breiten Publikum zugänglich zu machen.

Fragen zu ihren Büchern beantwortet die Autorin gerne. Sie erreichen sie per E-Mail unter:
regulus-botschaften@gmx.de.

Quellennachweis

Das große Handbuch der Zitate von A bis Z, Bassermann Verlag in der Verlagsgruppe Random House GmbH, München 2004, ISBN 3-8094-1699-1

www.aphorismen.de

Alle lieferbaren Regulus-Bücher

Band I: Das Einführungsbuch
Des Menschen Wunsch und Gottes Wille
296 Seiten | ISBN: 978-3-937883-91-5

Band II: Das Buch zum Thema Angst
Um Gottes willen und um deinetwegen
208 Seiten | ISBN: 978-3-937883-93-9

Band III: Das Erleuchtungsbuch
Des Menschen Weg und Gottes Licht
240 Seiten | ISBN: 978-3-937883-97-7

Band IV: Das Buch über die Liebe
Das Wesen Gottes und die Natur der Liebe
248 Seiten | ISBN: 978-3-96442-001-5

www.die-regulus-botschaften.de